太极内功养生法

祝大彤　编著

人民体育出版社

作者简介

祝大彤，1932年生于北京，太极文化学者，中国作家协会会员，中国武术协会会员。

研习传统太极拳四十余年，有《太极解秘十三篇》《太极内功解秘》《自然太极拳》等太极拳理论及技术专著问世。多年来，在北京及国内各大中小城市的教学活动中，一直注意搜集整理民间的保健、养生小功法，今编成小册子，介绍给朋友们试练。

前言

现今人们都关注身体健康，保健、祛病、延寿是我们钟爱生命的头等大事。

不是都在说“健康是财富”吗？虽有钱却没有健康，不会感到幸福，而拥有强健的体魄，人就像一座青山。

保健养生的项目繁多，诸如各种球类运动、跑步、爬楼梯、爬山、游泳、骑车、滑冰、轮滑、打拳、体操、健美操、交谊舞、街头舞、跳绳、散步等等，就连伸懒腰也是很好的保健养生活动。动则受益，练得健康；坚持健身，自然提高生命质量。有人又问，工作忙，经常乘飞机、火车出差，还有人一天都在汽车上度时光，没有时间，没人指导，或者慢性病康复期，行动不便等等，不具备自我锻炼条件怎么办，参加什么项目？建议您打太极拳，太极拳可慢可快，可高可低，是有氧休闲运动项目；或实践太极内外双修意念养生（以下称太极意念养生）。

太极养生，我们称为“太极意念养生”。武派太极拳家李亦畬宗师论太极内功，说：“向不丢不顶中讨消息。此全是用意，不是用劲。”千百年来太极拳代代修炼者在实践中认识到，太极拳不是以力可以完成的拳艺。在修炼过程中不是力行，因为力行易致胸腹憋闷，四肢不畅，精神不爽。意行又离不开气，先贤有“以心行意，以意导体，以气运身”的体验，意到气到，健康自来，周身内外舒爽，才有新的感受。

“太极意念养生”是多年来代代太极拳修炼者总结出的保健养生妙法。在杨式太极拳老谱中，有“天地为一大太极，人身为一小太极”之说，太极拳有它独具一格的特点。《黄帝内经·阴阳应象大论篇第五》曰：“阴阳者，天地之道也。万物之纲纪，变化之父母，生杀之本始，神明之府也。”王宗岳在《太极拳论》中言道：“太极者，无极而生，阴阳之母，动静之机也。阴不离阳，阳不离阴，阴阳相济。”天地阴阳大宇宙，人体是小太极。小太极时时刻刻与天地大自然息息相关，同步提挈则安康运蕴无灾无病。如果妄加逆蕴负重，则生祸病患难。意行阴阳养生，周身虚灵，天人合一，阴阳平衡，融入大自然，自然能提高生命质量。

目 录

太极养生论

从阴阳则生，逆之则死。

——《黄帝内经·四季调神大论篇第二》

太极者，无极而生，阴阳之母，动静之机也。

——王宗岳《太极拳论》

（一）初识养生

“养生”是被亿万人关注的事关切身利益的大热门、大焦点，是说不完道不尽的永恒话题。养生，不仅关系到每一个人的生存质量，也关系到国家的繁荣，民族的兴旺。全民健身运动的意义重大，其关键也在于此。太极拳运动被越来越多的人所重视，太极拳养生已吸引了更多人的注意力。

“太极拳好”这一题词是当代伟人邓小平送给人类健康的厚重的精神礼物。而在20年后的天安门万人太极拳表演是具有重要社会意义和历史意义的大事。这一纪念活动使我们看到太极拳运动以及太极拳养生更具迷人的魅力。在探讨太极养生之前，先要研究一个既深奥又浅显的与人的生存质量密切相关的问题：人，为什么生病?

(二) 人，为什么生病

“人，为什么生病?”初听此问，人们也许要笑出声来，这么浅的问题，连小学生都知道，人生病的原因很多，诸如外来的食品不卫生、病从口入、病菌、病毒的感染。高科技发展，伴之怪病丛生的不解之谜，麻木了，将是不去解之谜。大气污染、噪音、气候变暖，重金属垃圾被雨水冲刷后再入农田，人吃了被污染的粮食而患病。因果，周而复始何日能结?

人类是极为爱惜宝贵的生命的。运动养生便是人们渴望得到的，自己是把握自己生命运动的主宰。人，为什么生病，这个简单而又复杂的难题，常常摆在每一个人的面前，令人不得不正视，但也没法探究个明白。

在《黄帝内经》中，述说了人之有病，是以酒为乐，以妄为常……逆于生乐，起居无常，故而半百而衰也。当今社会远离那个时代，而今高楼林立，钢筋水泥壳、钢铁壳子包围着我们。现代人生活异彩纷呈，多彩多姿。搓麻、洋酒、桑拿、丽人伴以歌舞，生态环境恶化，从四面八方袭来，防不胜防，躲不胜躲。

人，为什么生病，难道都归结为外因么？内因也不可忽视。中医药学家孙继光先生认为，人生病患，如魔如影相随，是因为人迷恋幻体将其当真而不悟，犯了“五字”之戒，即贪、嗔、迟、慢、疑。例如“贪”字，贪态种种，有贪吃、贪睡、贪玩、贪欲、贪财、贪利、贪名、贪凉、贪热、贪咸、贪酸、贪辣、贪苦、贪杀等等。由于贪，过重地让身体某一部位的器官、脏腑承受压力，压久则邪偏生害，有失我们体态营卫气血运行，生出病来。至于讲嗔（瞋），是个偈语，口边嗔，是怪、怨、恨、怒，不满动气而出声的意思。目字边瞋，又有怒目动情至极难言之解；过分地睁大眼睛，形怒于色，动心动情，或者强压怒火，脸上控制住了未暴露出来，但人的眼睛是心灵之窗，是掩盖不住的。按古今中医论解人的眼目，也是一把解开脏腑病患来去的钥匙。人之目肝之窍也，不当之瞋（嗔），不仅病伤了肝，也病伤了胆。有病不得迟慢诊治，要善待最为宝贵的生命。躲病不可取，对待疾病，要相信现代医学，怀疑是没有根据的，也勿疑神疑鬼，心无主见，如见鬼魅。疑医疑药，不打针不吃药，更为荒唐。

内因对疾病有暗示发作和好转的作用，性命双修，静心看待一切事物，静以修身、心平气和、笑口常开也能起到祛病、健身、强体、延寿的保健养生、阻生病之渠道的作用。当然，求保健养生之妙法，太极拳运动是最好的选择。

（三）运动与养生

运动养生是人的本能，更是人的追求。运动项目很多，包罗万象。跟拳家、运动家练的一般不同，专家练的是有板有眼、有书有文的项目，而常人练的人人如此。伸懒腰是大众练身提神快餐，其实人降生落地从几个月便会此功，时时伸懒腰，是一种人人都练、常练不衰、到老不停的一个项目，而且人人练人人灵。伸伸懒腰伸筋拔骨顺气提神，疲劳一瞬即逝，立竿见影，时时伸懒腰，一辈子不练别的也未尝不可。随便甩臂，摇头摆尾，前仰后合，头部左右转动，蹬足转腰等自由活动，也无章法，毋须请大师指点，也是一种锻炼，此外摩、跳、拍、打，淋个日浴、水浴、酒浴、酸浴以及欢乐开心找愉悦，也是一种养生。

自由练家并不知，随便活动活动如何便获得健康呢？其实这种随便活动是以心情愉快、思想无负担、不僵滞起始。动者在不知不觉中，动起于经络，脚下三阴三阳经络在外动中达到通畅作用。头部转动转腰拍打，有护心畅水养肾之功用，摇头摆尾，前仰后合，能健身养容，养肾则有利心肝。做深呼吸吹气，可收化虚还神存精健脑之功。自由、随意运动是不是有如此之神，因人而宜有小异，不能达到完美健身，而动便受益，练可健身，生命在于科学性运动，则是一成不变之理。

若想全身心得到健康，还应该选择一两项体育活动为佳。在选择运动项目之前，对自身健康状况、家族病史、自身隐疾要有所了解，以选择适合自己身体情况的运动为好。像散步、跑步、跳绳、健美操、体操、乒乓球、排球、篮球、足球、门球、滑冰、滑轮、游泳、骑车、打拳等项运动，选其中之一进行锻炼，有时间有兴趣可以深究其功，作进一步追求。

对于一切运动健身项目要持科学的态度，适度而动，可求但不可强求。俗话说：“打死练武的。”死在拳台的人哪年都有。20 世纪 50 年代军运会，拳击台上打死拳击手，我国拳击运动停顿了 30 年后才恢复。世界著名的长跑家弗里克斯，著有《长跑大全》成为畅销书，他戒烟、戒酒、减肥跑步，轰动世界，引来众多男女参加长跑活动，可惜，他只看到跑步的有益一面，而忽略自身的健康状况和内脏的隐疾。他在跑步中呼吸困难、恶心、胸憋闷疼痛，延误寻医求药，死在长跑路上，甚为可惜。

（四）强身必须运动

没有一个成年人不想有一个强健的身体，壮健的体魄，宽厚的胸部，有力的大手，粗壮的大腿，刚劲的步伐，发达的大脑。但事与愿违，主客观不相符，有人虚弱多病，四肢无力，健康情况不佳。

我手中有几个从《北京晚报》上摘录的有关科技人员的体质材料，他们的健康令人堪忧。中科院对科研人员体质情况调查，调查结果表明，北京地区科研单位成年人体质达到合格级以上者为 86%，但近六年间死亡 274 人，平均年龄 53.83 岁，离 1990 年北京市人均寿命 73 岁，相差近 20 岁。

中科院工会和体协提供的北京地区成年人最近一次体质测验结果，北京地区职工体质优良率为 51%，与 2000 年的目标 60% 尚有差距，突出的问题是男女 16 个年龄段的肺活量全部下降，反映锻炼不够。经常参加体育活动的职工不足 50%，从来不参加体育活动的人数占 35.32%。据对此调查的分析，工作压力大，心理负担重，环境污染，体育锻炼不够等因素，仍是英年早逝的主要原因。文化教育界人的体质也令人担忧，著名作家刘绍棠 60 岁左右去世，著名的音乐家施光南英年早逝令人痛惜，还有瘫痪、半瘫痪者，其因是缺少锻炼，在身体健康的道路上，不该发生的事情发生了。

据载，深圳科学技术界人士因工作负担重，精神压力大，深圳成为精神病高发区，调查显示，全市精神病患者高达 15.76‰，360 万人口中约有 5 万余人患有各种类型的精神疾病。香港则发生多起壮汉猝死的报道。

北京报载，老年痴呆症威胁北京老人。老年痴呆是英国人帕金森于1817年发现的中老年神经系统运动功能的慢性疾病，主要症状为静止性震颤及动作和思维迟缓，脚步拖拉，这种病被命名为帕金森综合症。此病威胁着老年人的健康，在北京已达到6%，还有增长的趋势。患此病者原因很多，其中过去几十年身体锻炼不够，使大脑深部名为基底结的一小团神经细胞受该病影响而退化引起脑疾病是原因之一。这种病给本人及其家属带来无尽的麻烦和痛苦。看来运动保健、养生是当务之急。

在运动面前人人平等，不管你是哪一个阶层的人士，都应该参与运动，像小孩子那样，跑、蹦、跳、玩刀弄棍、前仰后合、转动头部、拍打全身、玩球、玩哑铃等等。运动像吃饭、睡觉、呼吸一样重要，每天不可缺少。有时看人物专访文章，某位科学家拿几个馒头钻进实验室几天不出来……多了，各行各业的敬业者，各种工作岗位上的责任者，都是如此，其实质是破坏国家的栋梁之才，戕害身体。不禁要问，谁给了他们这个权利？

运动、锻炼身体太重要了，对一个民族太重要了，对一个国家太重要了。我们无权对生命不负责任，无权对一个民族的体质不负责任。早在20世纪50年代，伟人毛泽东就号召“增强人民体质”，怎么在50年后却体质下降，越来越弱呢？

报载，英国遗传学家亚当·艾斯沃克和爱丁堡大学遗传学家彼得·凯得利两位科学家，研究分析了人类遗传进化史之后，将他们的研究成果公布于众，他们得出结论，人类靠自然选择和适应生存的过程淘汰有害基因，人类才没有灭亡。当今，随着现代生活的发展，医疗改进，人类的健康水平提高，自然选择的压力减轻，人类携带有害突变基因，也可以生存繁衍后代，有害基因可以积累，这就有可能使人类的体质日益虚弱，容易生病。体质虚弱容易遭受疾病的侵袭，直接威胁着人类的生存质量，对一个民族一个国家潜在的凶险是相当可怕的。可以说，参加体育锻炼、提高体质不是个人的私事，而是关系着全民族健康水平的提高，是国家兴亡的大事。

我们必须将参加体育活动和提高全民族身体素质联系在一起，希望所有的人能取得共识，欲强身健体就尽快参加体育活动吧。

（五）太极与养生

养生，是个大题目；太极与养生，更是个极难破解的天题。因为养生的含量深广，从上到下天地大自然，一年四季，春、夏、秋、冬，起居饮食，外形躯体四肢，天部的头，内为六脏六腑。还有延年术、延寿术、寿命钟、生物钟、养气、养神、脑养生、脑开发、睡眠养生、按摩、免疫养生等等。内容丰富而庞杂，从古代至今，要论述清楚，非几十万字厚重的一本书不行，这又不是本书之任务，在此仅就太极拳养生简述而已。

所谓太极拳养生，是在太极拳修炼过程中应注意的事项，达到健体、祛病、长寿之目的；通过习练太极拳，正确对待人生，提升人的文化品位和道德修养，尽量避免七情六欲之干扰，少病，不患病；心理健康、身体健康，每天精力充沛，行动敏捷，思维不乱，遇事不慌，有极强的应变能力，最终达到延年益寿，不给家庭、社会带来麻烦。简洁说，多为社会做些有益的事，少生病。

当然，首先要参加一项适合自己的运动项目，笔者认为最佳的选择是习练太极拳。原因有二：一是太极拳文化底蕴深厚，拳理源于《易》之变化、老子的“有生于无”之道以及《黄帝内经》的“恬淡虚无”之本源。太极拳为高品位的以阴阳为母、内外双修、延年益寿为宗旨的拳术；二是当代伟人毛泽东提倡增强人民体质打太极拳；敬爱的邓小平同志题词“太极拳好”。两位伟人都是在伪科学混杂于科学之间，拨开迷障，为提高全民族体质，行健康于大道，指明了一条通途。

科学的太极拳锻炼具有健体强身、祛病延寿之功能毋庸置疑。常练常新，每练一次便有一些新的体会，在行云流水的行功习练中，是审美的、文化的、艺术的体验。在习练的愉悦中体验生命，以把握自己的生命运动。但是，太极拳养生应视为预防科学，而不是医院。有病患应去医院治疗，遵医嘱诊治。

（六）阴阳平衡

中医师为病人开中草药方时，以多味药求药性平衡。人的健康有赖体内阴阳平衡少生疾病，这是相同的蕴理。而人的生存常常受七情六欲支配，“七情”即喜、怒、忧、思、悲、恐、惊。中医家解为：喜伤肺。大喜狂笑致使气机涣散，会引发疾病。古今中外，在不同场合，因发明获奖、状元及第、报喜祝贺到来而受奖者已瘫倒在地气绝的例子时有耳闻。喜极肺劳没有不出危险的。怒伤肝。怒则气上，气为百病之源，怒极肝劳。怒气上吐血死于非命，怒伤肝波及双眼，要息怒养目。忧伤心。忧愁、忧虑、忧烦、忧闷、忧伤、忧郁导致忧堵气截四肢麻木不思饮食，时有出长气之象。内心烦乱，什么也不愿干，胸口截堵难忍。思伤脾。思极脾劳。思之过度则气结，脏腑卫营阴滞，气血不畅，大大影响健康。悲伤胃。悲极胃劳。悲者不思饮食，即使胃空鸣叫，也不进食，悲痛欲绝则气血两亏。恐伤肾。肾为人生存的精神支柱，肾壮人健康，肾与肝胆、心脏关系密切。恐伤肾，胆肝俱伤，“心为肝之子，肾为肝之母”，养生益寿首爱肾。惊伤胆。胆具有制造胆汁的功能，胆汁含有胆酸，对脂肪的消化是大帮手，要节惊保胆。六欲，对于人类来讲躲是难以躲开的，“六欲”即耳、鼻、口、眼、身、心。此六欲可以给人类带来幸福和欢乐，更多的是给人们制造不幸。中医药学家孙继光先生认为，唐朝药王孙思邈辨证分析，每一种伤极劳损，都引发或潜伏于人体的400种以上的疾病，人被疾病困扰，可说是危机四伏。各界人士如果有兴趣涉猎百家，可去通览《药王全书》，对认识病源、病理，增强防病意识会有大益，对于把握生命运动养生、长寿也会受益匪浅。

习练太极拳修身养性是保健养生的最佳运动选择。太极拳讲究阴阳变化，动之则阴阳变转，使精神世界，身体脏腑营卫顺畅气血，通经络顺气道，平衡阴阳胜于通宣理肺之良药。太极拳为高品位的松柔动态运行艺术，习练太极拳是以松、柔、圆、缓、匀进行肢体腾虚运动。太极拳拳法由阴阳动作组成，如一个拳势，以“单鞭”为例为两个动作，由立掌变钩和左掌拉单鞭组成。掌变钩为阴，拉单鞭为阳，一阴一阳组织一个势，一套拳若干势均如此。杨禹廷八十三式太极拳有326个动作，即163个阴动，163个阳动。阴阳变化外动内养，内静外动，动静相兼，阴阳平衡，习练中求阴阳变化，阴阳变化中舒理脏腑，人体内外平衡，何病有之?

人体阴阳变化，内静外养，内动外静，实为保健养生、健体、强身、祛病、延寿之大道。

（七）动静相兼

太极拳之特性，行功盘拳动之则分，阴阳、松柔、动静、虚实、开合，一动无有不动，一静无有不静。太极拳的动作没有直来直去的，来去走弧线，以松柔为魂，阴阳为母，动静相兼内外双修。

有人提出“百练不如一站”，言下之意，提倡站桩。站桩也是练功、养生的手段，但站桩没有明师在侧指导，易于出偏或称走火入魔，精神病院多见此类病患者。其实古代佛、道两家并没有气功，也没有气功的记载，只有坐禅、导引、吐纳。据说，高僧、道长也不准初入佛门、道家者坐禅、练吐纳术，以免出现危险。记得20世纪70年代一位年轻练家到紫竹院吴图南大师的拳场讨教。吴老拳师见他小腹硬硬的像扣上一口锅，直言不讳地问他：“你不想活啦?”

年轻练家坦诚说自己站桩所致。自古无气功，有天、地、人、合、音、律、风、星、野等九功，后来将“风”功说成气功，近一二十年便约定俗成，“气功”一词遍及全国。一些不善医理者，且文化基础差，但有胆，敢蒙骗渴求健康者，做起了“气功课”，“带功报告”。前些年“气功”造就出几位大师来，居然有人顶礼膜拜相信那套鬼把戏。

太极拳的动静相兼是科学的。动与静在世界科学研究领域中也是一个十分重要的课题。

几百年前从洋人那里传过来一个奇妙的系数为0.618。古希腊哲学家兼美学家柏拉图，从美学角度把0.618∶1称为美的比例、黄金比或黄金分割律。据报载，现代医学研究证明，医学与

0.618 有紧密联系。0.618 黄金分割律在保健养生中起着重要的作用，在人体结构上，头顶至命门，再到脚底之比，臀宽与躯干长度之比，下肢长与全身长之比，均接近于 0.618。动与静是一个 0.618 的比例关系，四分动六分静，才是最佳的养生之法。医养生学家关注群众的食补养生，吃饭六成饱者不会患胃病，且可长寿。以六分粗粮、四分细粮搭配食用，不易患高血压、冠心病等都市病，这正是饮食中的 0.618。

太极拳从诞世至今，随着人类文明史的发展，其拳理拳法趋于完善；随着人类进步和发展，太极拳阴阳变化、动静相兼的机理不断完美，在人类保健养生中体验外动内养，内动外静以改变人体结构，有利于健康。

此文说的主要方面是养生，一切应以养生为关要。我们习练太极拳的目的是健体、养生，要在拳中体验健体之快乐，从拳中去体验高品位的、文化的、艺术的审美。在动中体验静，静中体验动，“静中触动动犹静”，动静相兼。如在盘拳习练中，心要静，佛家禅语指清静到极点。能达到内心清静，便能做到内安舒，外形中正。拳论要求“先在心，后在身”，“心为主帅”，求“心静”，“心不静则意不专”，“内固精神，外示安舒”，精神提起来练拳一举一动，起、落、进、退、屈、伸、俯、仰等动作自然轻灵。练拳宜神领意随，用意不用力，以心行意，以意导体，以体导气，以气运身，也就是气遍周身不稍滞，达到行功练拳养生之目的。

不管你练的是养生拳还是功夫拳，均应中正安舒，用意不用力。开始习练，动作机械，身躯手脚全是力，心里越想着不用力别使劲，身上越僵手上更用力。如此谈何动静相兼？这是过程，练一段时间，明白拳理，循规蹈矩，手上身上的力慢慢退去，便能体会到内静外动，外静内养，促进人体结构悄悄在变化之中。

日久一套拳练熟了，运用虚实变化，脚不踩地有轻灵离虚之感，手上空灵，便从拳中体验到脏腑各部位的变化，从而在动静中牢牢把握生命运动。

(八) 健脑益智

太极拳养生，说到底是心脑健康，脏腑通畅，阴阳平衡，动静相兼养生。当代以习练太极拳强身、健脑、益智为时尚和追求的目的。世界未来学家预言，21 世纪，是中国人的世纪。

全世界的医学研究人员寻找过许多良方，经过无数次的失败和反复研究，最后得出结论：21 世纪是中国太极拳世纪。于是掀起一股太极拳热，世界各地的拳友到中国寻太极拳的根，学练中国正宗太极拳，也将老师请出去教授太极拳。凡有人群的地方，就有人练太极拳，而练太极拳，不需要翻译，跟着老师学练，不管你是什么语系的国家，练拳就可以明白练拳之法，太极拳没有国界。

无论中国人还是外国人，凡练太极拳者皆为同道。由于民族不同，风俗习惯不一样，语言、生活经历有差别，文化背景不同，思维方式、价值观念有差异，对太极拳的认识和理解相差甚远，但练太极拳可以健体长寿，认识是一致的。我认识一位德国人，他到中国各地看，他寻找的是松柔太极拳，他对太极拳特性的理解很准确。为了防止老年人跌跤，美国白宫老年人会议，号召老年人学练太极拳以防止跌跤。经过四五年的推广卓有成效。美国航天机构，将太极拳列为宇航员失重训练的必修课程。报载，在澳大利亚首都堪培拉的国家军事学院，决定在未来军官的训练课程中，引进中国太极拳。每天清晨 6 点

30分，数百名身穿作战训练服的年轻士兵整齐地打太极拳，场面十分壮观。该军事学院的院长称，太极拳是思想者运动，练太极拳是为了帮助受军训的准军官成为有适应能力的多面手。传说，某北欧国家，将每月的第二个周日定为太极拳日，以作为全民健体强身运动日。据一位太极拳教练介绍，一位西方国家的太极拳爱好者，为了纠正脚的方向方位，购得往返机票来到中国找这位教练，当问清楚脚的确切方向后，就匆匆返回国内。一衣带水的日本，是开展太极拳运动十分普遍的国家，修炼者已到痴迷的程度。伟人邓小平题词“太极拳好”，就是应日本太极拳爱好者的请求而写的。

全世界人民喜爱太极拳，接受太极拳，习练太极拳，除了其美学价值，优美流畅的动作和那诗一般富有哲理的拳理及其保健养生的良好效果外，跟国人一样，这些洋人也将太极拳视为不死之药，可见在洋人眼里太极拳的养生价值。

当今人们生活在高科技高信息的时代，没有健康的身体、强健的体魄和充满活力的大脑，很难适应一切都快捷的要求。现在工作在尖端、前沿科学技术、文化教育、医疗卫生岗位上的人大多数处于亚健康状态之中。在“白领”阶层出现了脑疲劳，表现为头昏脑涨，记忆力减退，注意力分散，反应迟钝，说话不是口出连珠，而是要停下来想一想，即使一瞬间的迟钝也表明心智活动受抑。在人们普遍脑疲劳的现象发生后，在“白领”群中，凡积极参加体育锻炼的人并未出现身体状况不佳，脑疲劳的现象没有反映出来。而练太极拳者，他们的身上没有以上的亚健康症状，而大脑并没有疲劳反应，反而更为敏捷，头脑更为清爽，对于科研、文化教育前沿的繁重工作越干越表现出惊人的出色。以此，我们可以得出一个令人兴奋的结论：太极拳是有氧运动，盘拳在松、柔、圆、缓、匀的运行中，似行云流水，周身各个器官、特别是大脑得到氧的充分供应，对健脑、益智有特别的效应。

前中国武术院院长徐才先生对太极拳健脑益智的功用有独到见解。他认为，久练太极拳益智是一大功效。习练太极拳可以促进中枢神经系统及其主要部位大脑皮层的兴奋，并使兴奋与抑制更加集中，从而改善神经系统的均衡性。习练太极拳用意不用力，以意领先，首先需要开动脑筋，以联想和再现的方法在头脑中形成一套技术动作。这一连串的大脑思维活动本身就是一个接受和记忆的过程。太极拳锻炼能增加大脑神经内核糖核酸的含量，含量越多蛋白质合成越快，这也就意味着接受和记忆功能的增强。这种大脑思维的过程，也就是智力开发的过程。

我们今天的健脑、益智活动在公众中提出的口号并不响亮，与发达国家还有差距。世界卫生组织发表声明，提出“让人人享有健康”的口号，美国国会通过公共法，提出下一个十年为“脑的十年”，日本则在健脑日程上宣布“强脑科学计划”，西方一些发达国家也在着手进行这一伟大的全民健脑工程。在健脑、益智方面，日本著名的医学博士春山茂雄做出有益的贡献，他在脑健康的研究上很有作为，提出一个响亮而令人震惊的口号，称：“脑内革命。”他提出重新认识、开发、利用大脑右脑储存的信息，这些信息是左脑的十万倍。他提到利导思维，所谓利导思维，就是开朗乐观、豁达宽容、愉快、舒适、心情舒畅，笑看世界，身心放松，使大脑活跃兴奋，从而保持身心健康。如果人们能持乐观的态度，每天欢乐愉悦，心情舒畅，进行利导思维，大脑能分泌出一种类似吗啡的物质，称为脑内吗啡。

人的养生长寿是多因素综合的整体工程，而头部的健康是养生的首要。

太极拳是最佳的保健、养生选择，修炼太极拳便能祛除心脑杂念，使身心松净、舒展，获得健体、强身、祛病、健脑、强脑、开发潜能的整体健康！

（九）清静养性

我们的先祖谈养生，以养性为本，认为以道德养心，不生邪恶，守住真气，神气自然持满。劝人立身中正，扬善抑恶，多行善举，行善事积德，以解百病。

先祖劝诫后人行善养生延寿少生病患是有道理的。人行善事，心情平和，没有贪欲，平淡人生，呼吸顺畅而和缓，脏腑即得到修养营卫。人行不义，呼吸必然短促，心情紧张，坐卧不宁，定然伤内。这种劳损任何名医金药也难以医治。古人明示："人能宽泰自居，恬淡自守，则神形安静百病不生。"

精神是以物质作保证，人的衣、食、住、行要注意冬暖夏凉，荤素、绿色食品的红（红豆、西红柿），黄（豆制品），绿（无农药蔬菜），黑（黑豆、黑米、黑木耳等），白（粮）调剂搭配。药膳有禁忌，这是饮食常识，要学一点饮食科普知识，不要到一般饭馆食药膳，因为他们可能缺乏中草药常识。应了解药膳禁反之食，如猪肉反乌梅、黄连、百合等药；羊肉反半夏、丹砂等药；鲤鱼反朱砂；葱反常山、何首乌、蜂蜜等等。不是中医药专家开具的药膳调方不可误食。而食品间也有大反大忌，如猪肉反鲫鱼、黄豆等；鳝鱼反狗肉；龟肉忌苋菜、果、酒；羊肉忌醋等等。

奉劝滥吃补药者，请您向周围的朋友打听饮食补的俗语：

“药补不如食补。”此意无须笔者赘言。关于食补常识在报刊中唾手可得。

附：

唐·药王孙思邈三养歌

孙真人卫生歌

天地之间为人贵，头像天兮足像地。
父母遗体宜宝之，箕裘五福寿为最。
卫生切要知三戒，大怒大欲并大醉。
三者若还有一焉，须防损失真元气。
欲求长生无戒性，火不出兮神自定。
木还去火不成灰，人能戒性还延命。
贪欲无穷怂却精，用心不已失元神。
劳形散尽中和气，更仗何能保此身。
心若大费费则竭，形若大劳劳则怯。
神若大伤伤则虚，气若大损损则绝。
世人欲识卫生道，喜乐有常嗔怒少。
心诚意正思虑除，顺理修身去烦恼。
春嘘明目夏呵心，秋呬冬吹肺肾宁。
四季长呼脾化食，三焦嘻却热难停。
发宜多梳气宜炼，齿宜数叩津宜咽。
子欲不死条昆仑，双手揩摩常在面。
春月少酸宜食甘，冬月宜苦不宜咸。
夏要增辛宜减苦，秋辛可省但教酸。

季月少咸甘略戒，自然五脏保平安。
春寒莫放棉衣薄，夏月汗多宜换着。
秋冬衣冷渐加添，莫待病生才服药。
惟有夏月难调理，伏天在内忌凉水。
瓜桃生冷宜少食，免至秋来成疟痢。
心旺肾衰宜切记，君子之人能节制。
常令充实勿宽虚，日食须当去油腻。
大饱伤神饥伤胃，大渴伤血多伤气。
饥食渴饮莫太过，免致膨脝损心肺。
醉后强饮饱强食，未有此身不生疾。
食后徐行百步多，手搓脐腹食消磨。
饮酒可以陶情性，大饮过多防有病。
肺为华盖倘受伤，咳嗽劳神能损命。
慎勿将盐去点茶，分明引贼入肾家。
下焦虚冷令人瘦，伤肾伤脾防病加。
坐卧防风来脑后，脑内入风人不寿。
更兼醉饱卧风中，风才着体成灾咎。
人无礼义反食之，天地神明终不喜。
养体须当节五辛，五辛不节反伤身。
莫教引动虚阳发，精竭荣枯病渐侵。
不问在家并在外，若遇迅雷风雨大。
急须端肃畏天威，静室收心宜谨戒。
恩爱牵缠不自由，利名萦绊几时休。
放宽些子自家福，免致终年早白头。
顶天立地非容易，饱食暖衣宁不愧。
身安寿永福如何，胸次平夷积善多。
惜命惜身兼惜气，请君熟玩卫生歌。

孙真人枕上记

侵晨一碗粥，夜饭莫教足。撞动景阳钟，叩齿三十六。大寒与大热，且莫贪色欲，醉饱莫行房，五脏皆翻覆。坐卧莫当风，频于暖处浴。食饱行百步，常以手摩腹。莫食无鳞鱼，诸般禽兽肉。自死兽与禽，食之多命促。土木为形象，求之有恩福。惜命惜身人，六白光如玉。

孙真人养生铭

怒甚偏伤气，思多太损神。神疲心易役，气弱病相侵。勿被悲欢极，当令饮食均。亥寝鸣云鼓，寅与漱玉津。妖邪难犯己，精气自全身。若要无诸病，常当节五辛。安神宜悦乐，惜气保和纯。寿夭休论命，修行本在人。若能遵此理，平地可朝真。

太极与性养生

太极与性养生是一个诱人的话题，不分文武，不论阶层，不管文化修养，都愿聆听和探讨这一敏感话题，但又不可能多着笔墨。古代先贤有“食、色，性也”之教，将每天吃饭与性并列为同等重要之生命所需。《黄帝内经) 将男女性生活，画一个框框，男为八八（64 岁)，女为七七（49 岁)。性养生是一个说不尽道不完的话题，因人而异，视感情而言。还要根据本人体质和环境、条件，没有定法，只能在悟。躲不可取，逃不对，贪对已健康不利，如何得到持满?

(一) 绝色不可取

在讲性养生之前，先讲一个故事。

有一位练武痴迷的练家，一天到晚除去工作，下班回到家便练功习武。夜间不睡觉，在堂屋打坐，天亮后又去上班了，每天什么家务活也不干，天长日久夫妻吵架，妻唠唠叨叨，吵得他心神散乱无法练功，家无宁日。局外人不好劝解，正当壮年，床上无功，房事断绝妻子当然要吵。丈夫一心追求武功，妻子成为一大障碍，女人成了他功成、健康的克星。

为了清心寡欲专心练功，他把工作换到郊区，住在单位，每月回家送一次工资。几个月后，他的功夫大有长进，自己满意换工作之决断。爱人也不闹哄了，劝他不要往回跑送工资，从邮局汇回来，要抓紧时间练，他备感舒服，觉得妻子终于理解他了。

没过多久，有好事者劝他常回家去看看，初不以为然，后来琢磨出点意思来，突然回家几次。从孩子口中得知，有个叔叔常来。他的脑袋“嗡”的一下大了一倍。再后来，工作没劲头干，武也没心思练，常往家跑，差点儿半身不遂。

从这个故事中不难看出。夫妻间的性生活是不可少的，是保持夫妻恩爱、家庭幸福美满的最为重要的因素。儒家的孟子也提倡人间男女之婚嫁性爱，主张“食、色，性也”“饮食男女，人之大欲焉”，这是常被当今性学家引用的名句。

人的生存不仅是为吃、喝、住、行、穿、睡，感情生活也是很丰富多彩的。人有七情六欲，它主宰着人的精、气、神，再进一步阐述，七情六欲是人生命的支柱，故此，人离不开七情六欲，练功习武之人也不例外。正常的性生活，不但不会影响练功习武，可对习武者增长功夫有促进作用，有爱妻为伴，对提高技艺还会有帮助。人不可禁欲绝色，也不可纵欲，掌握适度对人的健康有益。练功习武之人，也是生活在人群之中，均不可远离房事。唐代药王孙思邈在《备急千金要方》中说道：“男不可无女，女不可无男，无女则意动，意动则神劳，神劳则损寿。”事实如此，大凡男女因某种观念上的误区，或因感情、事业上遇到不幸，女子守贞终身；男子除感情因素外，为了攻读、科研某一尖端项目，或忙于事业，远离房事闹出病来，古往今来有之。清代诗人袁枚所著《小仓山房文集》中介绍，当时的名医徐灵为一位富商诊病，此商十年不近妻女。忽气喘头汗，彻夜不能眠，痛苦之极。经徐灵诊治，并不用药，言此症为“阳亢也，服参过多之故”，命与妇人一交而愈。可见房中性爱不可疏远。男女之间性爱，对双方事业有益，体魄也会坚强，文者文采熠熠，武者功夫过人，商者财源滚滚。这是从古延续至今的不破之理，望欲求养生者借鉴。

故事中练武之人受封建房中术影响，受练功习武绝色之影响，“不绝色，不习武”，“不休妻不谈养生”，视妻为“自身寿命之最大威胁”。古代房中术蒙上一层绝色的封建色彩，加之几十年来，性教育被禁锢，产生很多奇想也是可以理解的。

(二) 性 养 生

讲性养生之前，讲第二个故事。

几十年前有一位练武的年轻人，喜摔跤。几年下来功夫不长进，身上僵紧，总是被师兄弟摔倒在脚下。他自己很懊恼，发愤苦练，婚期一推再推，不觉已年近30，被父母逼迫无奈只好完婚。婚期一过，他又返回武场。师兄弟跟他玩笑，说：“跟嫂子蜜月刚过，成吗？别把你摔散了架。”跟师兄弟过了几跤，出乎意料的是，身上比婚前放松多了，他不但没散架子，平时过跤常赢的师兄弟，今天反而躺在他的脚下。

性行为是人之本能，为人类生命之本源，是人类繁衍传宗接代兴旺人口之必然。随着人类文明的进步和发展，人的性行为显现为一种文化。从古至今一代代医学家、养生学家、性学家对房中术、房事养生术，极为关注而进行研究。合理的有节制的性生活，对人类健康是有益的。前面故事中，年轻跤手属于性无知，糊里糊涂得到性养生，当然，性养生不糊涂者从古至今有之。古代有人提倡，养生之要，“在于近姹，不应远色，更不应绝色”。

这一派性养生者以“采阴补阳”达到养生之目的。他们并不钟情于补阳药物，像参、茸、虫草、肉苁蓉、胡桃、蛇床子、杜仲、淫羊藿、益智仁、破故纸、丝子、韭菜子、楮实、鹿衔草等，还有动物药的蛇、蛤蚧、紫河车、虎骨等。古代性养生术，持“以人补人”之愚见。所谓“以人补人”是经常多与女人交合采女人阴精，视处女、姹女为活药。

我们从古代性文化遗产中发现，从祖宗代代相传而来的房事养生，无不带有重男轻女，男尊女卑的封建迷信色彩。性养生的中心是“采阴补阳”术。主男子与多女子交合而受益，有的则“动则易女”，不是一天一易女，而是一夜多女，保持勃起势头，同时与数女交合，以取养生、长寿之道。传说彭祖高寿八百，他有“以人疗人，真得其真”之说。

还有一种毫无科学根据的封建愚见，认为男女之道，男子“精液为宝”，善养生者要“固精”。房中养生术最为重要的床上技艺是交而不泄或数交不泄，夜御十女而不泄，精气保而不虚也，能百接而不施泄者长寿。要达到此高超技巧，有一套床上“固精”术。欲泄，闭口张目，闭气紧握双拳、吸腹，以指抑耳后下翳穴，长吐气，琢磨齿，则精随脊髓上而补脑。这是古人之见识，实际操作似乎不大可能。男女交合处于极度兴奋状态，闭口、紧握双拳、指按下翳穴等动作不可能也难以操作，纯属无稽之谈，而精液上补脑，更无医理根据。古代人缺少医学科学知识，口传秘授，将精液看得神秘和奥妙，所谓“十滴血液一滴精液”，视精为宝。

古代医学不发达，没有解剖学和化验手段，看不到的东西凭想象和传说居多，其实男子的精液为一般蛋白质，是生殖腺分泌出来含有精子的液体。人体科普知识告诉我们：精液在全身营养成分中，只占微小的一部分，也称后天水谷之精。这种物质随身体各个器官的新陈代谢，每天产生，每天又从体内排出，这种新陈代谢是人体有生有灭的自然现象。俗称“精满自然流”，排精有三个渠道，除了房事排精、青壮年梦遗滑精这可见遗精，还有看不见的暗排精，精液先到膀胱里，然后随尿液排出体外，根本谈不上“精液为宝”，也没有那么贵重。

纵观古代性养生，从古至今贯穿着一种封建迷信、男尊女卑的性养生思想，像“夜御十女”“采阴补阳”“精液为宝”等一系列对妇女不公平的性养生。男人可以妻妾成群，而女子守贞的大男子主义，都是以牺牲妇女平等权利为基点，剥夺女性的性平等的权利，侮辱女性人格，将女人视为“活药”去为男人的养生、长寿服务，连起码的人道主义都没有。对于摧残女性身心健康的性养生术，都是不可取的。我们要增强社会责任感，反对一切封建迷信的性养生。

（三）性在运动中的作用

性在人类活动中，跟吃饭同样重要，你只要是人，不管是哪一阶层的人，在人群中生存，“七情六欲”都是一样的。除非你置身“七情六欲”人群之外，否则难以生存。

性是一种权利，性是一种责任，性是一种义务，性是一种道德，性是一种文化，性是一种审美。不能远离绝色，不能轻率乱来，也不能贪恋纵欲。

夫妻性生活和谐，是使家庭幸福美满，身体健康少生疾病的重要因素。对不同职业、不同阶层的各界人士，有极大的促进作用。

据我国一份长寿报报道，前苏联体操运动员披露，前苏联体操女运动员站在领奖台上领取金质奖章时，她们的心理活动是很复杂的。她们的内心有为祖国争得荣誉的骄傲，有获金牌光荣之感；也有为此付出少女贞操之辱。因为体操运动员为出运动成绩，国家体育领导机关的有关官员，强制要求年满十八周岁的运动员必须怀孕，而妊娠十周时堕胎。队医向她们解释，说怀孕期间的妇女机体中分泌出较多的雄激素，这一生理过程，有助于增强孕妇的体力和耐心。她们必须把性生活同训练一样，规定为“必修”课。如果找不到同伴，运动员则被迫与教练同居。前苏联在体操、游泳、花样滑冰、艺术体操等运动员中的女运动员毫无例外地必须有一位性伴侣陪伴她们训练和性生活。

一位体育医生从理论上评论此活动，说道：“这样做，不仅仅是破世界纪录夺取金牌，而且要使女运动员有外在的情感表达。而女运动员应该富有激情、丰润，更富有女性化。而性生活对脑垂体功能有刺激作用，对于女性的情感能产生正面影响。”

从以上介绍不难看出，这是体育运动中的丑闻，金光闪闪的金牌背后，又有多少女运动员的贞操被剥夺。虽然是丑闻，却也说明禁欲主义的习武练功之人，是不会得到出色成绩的。我们要以冷静心态看待这则报道，与古代养生一说“阳得阴而化，阴得阳而通”是同一理念。

（四）太极与性养生

从事练功习武之人要十分注意性养生，要慎重而认真地对待自家的性生活。性对练功习武者来说，可养生也能伤人，这跟“水能载舟，亦能覆舟”是同一道理。

1. 太极拳对性功能的影响

古典论述有七损八益之说，在《黄帝内经》中，古人对人体生理学的研究，从人的发育成长，天时四季对人的影响，归结为男女房中术的年龄为，男性年逾八八即64岁，普遍“则齿发去……五脏皆衰，筋骨懈惰，天癸尽矣。故发鬓白，身体重，行步不正，而无子耳”，故男子不过尽八八；女不过七七，女到49岁，“任脉虚，太冲脉衰少，天癸竭，地道不通，故形坏无子也”。

《黄帝内经》在上古天真论篇中有一段记载，以人类性生活的章节为开篇，可见古人对性养生是十分重视的。

黄帝问天师岐伯，曰：“余闻上古之人，春秋皆过百岁，而动作不衰；今时之人，年半百而动作皆衰者，时而异耶？人将失去耶？”岐伯对曰：“上古之人，其知道者，法于阴阳，和于术数，食饮有节，起居有常，不妄作劳，故能形与神俱，而尽终其天年，度百岁乃去。今时之人不然也，以酒为浆，以妄为常，醉以入房，以欲竭其精，以耗散其真，不知持满，不时御神，务快其心，逆于生乐，起居无节，故半百而衰也。”

古人常以德高者托以说教，教导子孙后人生活要有规律，起居饮食要讲究、注意卫生。对待房事要慎而又慎，性生活不得纵欲，否则“以耗散其真”。

选择以太极拳锻炼身体，以求保健养生健康长寿。太极拳与其他运动项目不同，无刚烈无高难动作，以松、柔、圆、缓行功盘拳，上下相随，内外双修，修身也修心，久练太极拳心态平静，遇事平和处理，舒理脏腑，经络畅通，血管、气道通行无阻，阴阳平衡，身心健康。有了健康的身体，还要修炼性心理卫生及性养生。性养性不单单是男人一方之事，忽略女性的性养生，这是不公平的，有失道德和礼仪。

我们应该尊重女性人格，对性养生应有正确的认识，性生活是两个人的精神生活，不应该将女性作为“以人养人”的“活药”。“采阴补阳”“一动易女”“精液为宝”和夜御十女不泄等等，都是不尊重女性的行为。男女双方应尽夫妻之道。双方有享受性快乐的权利，“阳得阴而化，阴得阳而通。一阴一阳，相须而行”。男女性养生从古至今有诸多优秀论文给予指导，古代性养生理论，以马王堆出土竹简《合阴阳》为最佳男女性养生的理论。

释文：凡将合阴阳之方，土阳，楯村房，抵夜旁，上灶纲，抵领乡，拯国覆周环，下缺盆，过醴津，陵勃海，上常山，入玄门，御交筋，上精神，乃能久视而与天地牟存。交筋者，玄门中交脉也，为得操之，使皆得乐养，说泽以好。虽欲忽为，作相相抱，以次戏道。戏道：一曰气上面，徐呴；二曰乳坚鼻汗，徐抱；三曰舌溥而滑，徐屯；四曰下汐股湿，徐操；五曰嗌干咽唾，徐撼，此谓五欲之征。征备乃上，上揕而勿内，以致其气。气至，深内而上撅之，以抒其热，因复下反之，毋使其气歇，而女乃大竭。……

房中术说易操作难，为了性和谐，家庭美满，双方对性爱、性养生要共同努力，使性爱得到完美的修炼。

2. 人体艺术美

随着人类文明的发展，现代文明冲破旧礼教和封建藩篱，西方社会比我们早了几百年。西欧很多城市都有男女人体市雕，为城市文明和城市美增添了光彩。

随着性文化的普及，夫妻和谐的性生活不再只为繁衍传代，夫妻性生活有很丰美的内容。夫妻和睦，家庭幸福，精神愉快，是社会繁荣、进步、安全、稳定的重要因素。我们修炼太极拳，修炼性养生，是社会稳定不可缺少的重要部分。

人类社会美好的东西很多，山川大河，蓝色的大海，白色的浪花，树木植被，异彩纷呈的花卉、鱼、鸟、宠物等等。世界上虽然美的东西太多太多，但最美的还是人体美，人体艺术最美。

看到人体艺术之美，会使你的灵魂升华，人变得更为高尚。而情爱、性爱，这种“阳化阴通”的性养生更是人间精神之一大享受。

（五）性 观 念

在习拳圈子里常碰到拳友提出来的练拳人性生活的问题，以及在性观念上的几种性心理反映和差异。

在习武人中有人视性为影响练功功成之障碍，而绝色持逃避的态度。有人受大男子主义支配，视“精液为宝”，采取“以阴补阳”，将女人视为“活药”为男人养生长寿服务，这是受古代养生术的影响，将封建迷信的糟粕捡回来，实不可取。其实我们习武练拳之人，如注意读书看报，一些认识上的偏颇不难化解。近年来各类养生报刊比比皆是，关于性保健养生的文章俯首可得，有很多性医学的说理，深入浅出，一目了然，可惜，武人不能拿出时间研习运动生理医学，也是一件憾事。

习武人在夫妻性生活中，对性认识上要有正确的观念。

1. 负担重

凡习武之人，多远离情爱场，传统的口诀是“拳不离手”，大多数的业余时间都在武场。经常练拳习武，朋友也是武友，每天想的和做的当然是研习拳术，将交女朋友谈恋爱视为影响练功，遂使正常的男女情爱耽误下来。

拳人将习武和婚恋对立起来，前文举的几件实例是确有其人的，弃武废功险些半身不遂。这些朋友平时早出晚归，即使在节假日也从不在家睡早觉，早早起来奔拳场而去，将爱妻撇在一旁，在感情上、生活上从不过问。使妻子对习武有一种厌恶心理，甚至仇视丈夫的武朋拳友，从不允许这些人到家里来，几十年不开禁令。

他们从不陪妻子儿女在节假日过一个幸福美满的休息日，不管儿女的学业，不顾妻子的情感，在万般无奈的情况下，勉强应付房事，性生活的质量极低，弄得双方都没有“性趣”。人活着不是光为了吃饭，感情生活占全部生活中很重要的地位，这种只求习武练拳全然不顾家庭生活的人是难以维系一个和美家庭的，家庭是社会的一个细胞，严重的说，给家庭带来不稳定，家庭不稳定，社会能安定吗?

有些武友对家庭有些不负责任，只一味练功习武，放弃了自身对社会的责任、对妻子儿女的义务，常此以往只能走向家庭解体，造成一家人的精神负担，心灵的创伤短时间内难以愈合。

2. 观念旧

20 世纪 90 年代末，中国摆脱了贫穷落后，已进入高科技信息时代，然而某些旧有的观念仍然束缚着一些人，一时摆脱不掉精神上的禁锢。在 21 世纪的今天，旧的观念要留在过去的年代，以全新的观念去迎接新的时代，那么性观念是不是也应该，必然要更新。所谓家庭新观念，表现在夫妻间的性观念。首先是男女平等，女性有享受性平等的权利。

练功习武者，首先是一个正常的人，正常人要过正常人的生活。不能将封建残余的男尊女卑大男子主义带入新世纪。

习武人也是人，不能对立的去看婚姻家庭生活。他们是正常人，是社会人，是家庭一位成员，是为人夫、为人父的健全的人。应该提倡习武人读书，读医学、经络学、性医学、运动生理学等，武人要做一个有益社会的人，要善待妻子，从感情上关心她，从生活中照顾她，表现性心理的成熟。太极拳修炼是在阴阳变化松柔动态中运行，能极大地打通周身的血液循环，使生殖系统得到很好的调整，因而性亢进是必然的，甚至胜过人为补药“三鞭酒”和“雄狮丸”。然而有些练武之人不是顺其自然过正常的性生活，而是逃避。这些武友朋友首先要明确习武是为什么，为什么去习武，从表及里，做一个健康人，做一个好丈夫、好父亲，负起社会责任。

3. 全新的性观念

练功习武者要将自己融入社会生活中去，首先做一名对社会对家庭负责任的人。练功习武者是人，是正常的普通人，正常人离不开七情六欲。

习武者在选择练拳的业余爱好时，要以一个普通人进入武场，不能因习武而对家庭对社会不去尽自己应该尽的义务。凡男性一般都有一种职业和多种爱好，如果有了一种爱好，便去放弃一切而去执著地追求，放弃做丈夫的责任，不管不顾性生活和优嗣、优生，不尊重女性平等的性权利，那么练功习武又是为了什么呢？性是一种心理观念，是一种道德观念。性文化观念，是恋爱观念，是全新的家庭观念，也是一种神圣的社会责任感。当然，如果远离世俗进入寺庙，读经习武，则另当别论。

我们的先祖奉行孔孟之道，他们并不反对性欲，他们提倡

“食色，性也”，视性生活与吃饭一样重要。宋代的梁山好汉爷并不都是禁欲主义者，后传中绝大多数封妻荫子有了家庭。走上练拳习武之道，也应重视家庭生活，以尽作为人夫人父之责任，尽丈夫、父亲的权利和义务。练功习武为的是健体、强身、祛病、延寿，也要注意性保健和优生优育。

太极内外双修意念养生法

太极内外双修意念养生，动作不多伴以意念默读为主，易懂、易学。习练此养生法不分男女，不限文化高低，听课易懂，师讲即会，便于操作，此养生法亦可称为“三易工程”。习练此法不受时间限制，早、中、晚子午流注追逐太阳走向习练，不受场地制约，有一张床，有半米之地，能站立，可放一把椅子即可操练。有时间多练无时间少练，动受益，练健康。

什么人可以习练意念养生功呢？健康人习练后，增强体质；慢性病患者习练后加速康复进程；行动不便者、各种机动车司机、家庭主妇、老年人及老年妇女，通过习练，将提高生命质量，减缓衰老，年轻女性习练意念养生法，少用或不用脂粉也会有一张靓丽自然、动人的容颜。

意念养生说到其根本是经络养生，大脑养生，您的六阴六阳经络畅通无淤无阻，何病之有？您的大脑左右两个半球脑流通顺，何患之有？怎可能偏瘫，怎可能语言障碍？

以下演示的养生保健功法，是在民间搜集整理的基础上，作者创编的动作。

太极内外双修意念养生法，将周身分为四个区域：

人体上部养生活动区——头脸部

人体中部养生活动区——胸腹部

人体下部养生活动区——小腹部

人体周身养生活动区——脏腑、筋骨、经络

（一）人体上部——头脸部

1. 头、头皮（站立式）

头部是人体至高无尚的司令部，指挥周身全体动作，健康头部是十分重要的。

操作

以双手十个指尖，从前往后梳理头发以刺激头皮，左右手指在左右两侧从前向后，梳理刺激头皮，边梳理边默念口诀。

意念诀

九天之气运（动）头，头皮，

活跃头、头皮大小血管细胞，（重复）

九天之气清洗稀释头、头皮大小血管血液，

加速微循环流量，

清除血内病毒、毒素，

清除头、头皮血内垃圾、脂肪，排出体外，赶走病气。

站立式发声

默念诀时，最后一句从头顶意直泄到脚。从左右二趾向左右展开：

（二趾）咦——（中趾）唏——（四趾）微——（小趾）哈！一切病气意从小趾外泄入地。

注意发声时不是发自肺、咽，而是从丹田往上发声喷薄而出，声音洪亮、浑厚（开始时可能声发自肺、咽，日久随腹式吸吸，即深长呼吸，声音自然发自丹田）。

丹田发声震荡脏腑，是中华文明祖先传下来的古代养生法。此发声养生法为药王孙氏家学传承。

2. 脑（前脑、后脑、左脑、右脑）（站立式）

科学家剖析人类的脑是一分为二有两个部分，左脑主语言、逻辑思维；右脑主形体动作、想象和形象思维。

操作

以双手十个指尖或头刷，在头上从前向后，从后往前，从左向右，从右往左抓挠，以刺激头骨内的脑部。边操作边默意念口诀。

意念诀

九天之气运（动）前脑、后脑、左脑、右脑，

活跃脑大小血管细胞，（重复）

九天之气清洗、稀释脑大小血管血液，

加速微循环流量，

清除血内病毒、毒素，

清除脑大小血管血内垃圾、脂肪，排出体外，赶走病气。

发声

从脑部往下循腿内侧，自二趾始，（二趾）咦——（中趾）唏——（四趾）微——（小趾）哈！

静立，双手（不触皮肤）从心脏部位往上到脑（反复）。

意念

心脑血管充氧（反复）。

3. 脸（仰卧式、坐式、站立式等三种姿势均可，站姿发声）

脸部是每个人的门面，身体健康，反映在容颜上。脸部光泽和靓丽给人一种健康向上，精神焕发的感觉。所以一定要注意脸部的保健、养生。

操作

以双手手心向脸，从脸的下部向上至前额推摩，反复多次，左右食指配合夹鼻按摩。注意：轻则补，重则滞。

意念诀

九天之气运（动）脸，

活跃脸部大小血管细胞，（重复）

九天之气清洗、稀释脸部大小血管血液，

加速微循环流量，

清除脸血内病毒、毒素，

清除脸部大小血管内垃圾，脂肪，排出体外，赶走病气。

发声

（二趾）咦——（中趾）唏——（四趾）微——（小趾）哈！

女性保持脸部青春靓丽还有两法。

（1）以口水（中医称津液）滴于手心匀摩脸部。

（2）柠檬一个洗净，用牙签扎若干小孔，浸泡于纯净水或冷白开水中，三日后以柠檬水倒入手心，洗面或摩面，是美容妙法。

提示：站立式，上午太阳光照微弱时面东南对阳光，如阳光强，可选树荫后，勿直晒。

4. 脖颈（仰卧式、坐式、站立式，站立式发声）

脖颈养生美容十分重要。我们在街头或公共场所的行人中，常见老年男女穿着整整齐齐，精神面貌也很好，双目有神行动潇洒，女士风韵犹存，不像花甲之年。但是，他（她）们保养脖颈功力不足，有人脸下有一鸡脖（请原谅如此形容）。在电视上常见到四五十岁或年龄更大一些的女士、先生，还有的主持人以及艺术家，他（她）们往往不注意脖颈养护，或者说不知如何保护脖颈，从而失去了青春靓丽的脖颈。脖颈铺满横竖皱纹，没有光泽也失去平滑，看上去不雅。欲去此疾，请注意脖颈的养生美容。

操作

以左右手掌心，轮次从下往上轻摩脖颈（轻摩可延至左右颈部，双肩前部和上胸部位）。

意念诀

九天之气运（动）脖颈，

活跃颈部大小血管细胞，（重复）

九天之气清洗、稀释脖颈大小血管血液，

加速微循环流量，

清除脖颈大小血管血内病毒、毒素、垃圾、脂肪，排出体外，赶走病气。

站立式发声

咦——唏——微——哈！

美颈操，易学、易操作，可以经常仰首将脖颈显露出来，以左右手轮番由下而上按摩颈部。睡前起床后衣着简单无障碍摩颈为佳。已传许多女士，效果良好。（图 1、图 2）

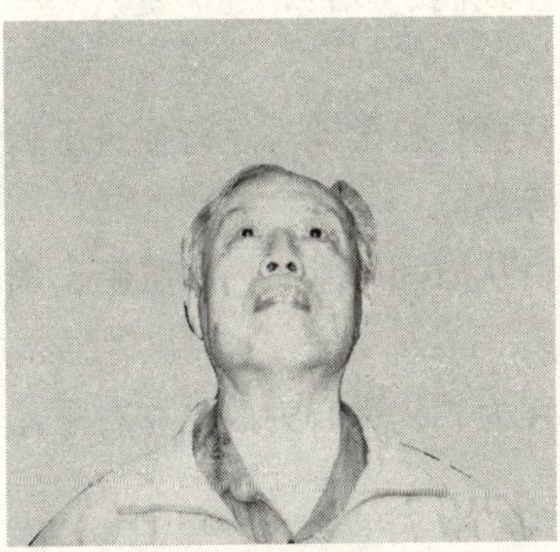

图 1

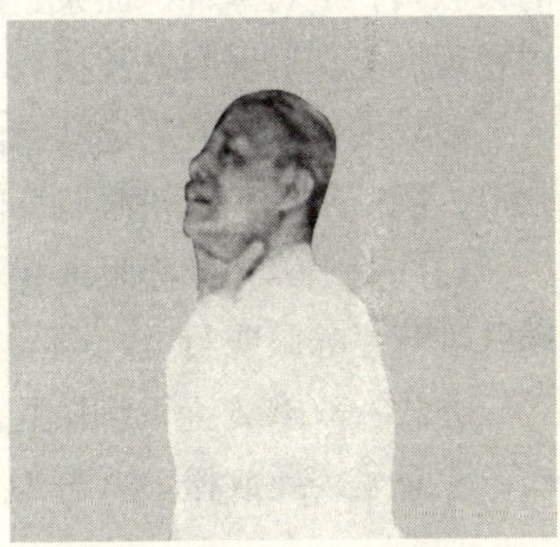

图 2

特别提示：津液流在手心上，或以少许柠檬汁摩脖颈效果更佳。

5. 眼（仰卧式、坐式、站立式）

人身上的器官，眼睛最为金贵。人生从小到老，真正爱护眼睛者应注意不良习惯。

坐车看报，躲卧看书，彻夜搓麻，喝酒无度等等，都是伤眼害眼的不良习惯。更有肝火旺盛者，动辄怒发冲冠，怒极肝劳眼倒霉，按中医医理辨证分析，每一种伤及劳损，都会引发出或潜伏数以百种以上的疾病。

其实，凡人体看得见的肢体、器官，眼睛是最为劳累的。古代人无电灯，眼疾劳相对较轻。现代人电视、卡拉 OK 酷用双眼，眼睛不能休养生息，透支使用，十个有十位眼有疾患。如果重视爱眼护眼，即可以减缓和少患眼疾。现介绍爱眼护眼八法如下：

(1) 学一点中医常识，保肝顺气、制怒养肝，遏止眼疾发生。眼属于足厥阴肝经（足大趾大敦穴始上行），肝经始于大趾的大敦穴，上行太冲、曲泉、章门、期门、双目，经印堂穴……内视观肝是保肝养目之神招。

(2) 太极拳为有氧运动，内外双修，松柔动态运行促进脏腑营卫，阴阳平衡，放松眼肌，健身养目。

(3) 静坐养神，睁眼远视。闭目从眉间印堂穴内视脏腑，调动肝脏营卫养眼明目。

方法：双掌放置于双膝上，手背为养，手心为放。左右手互换，注意坐姿要放松。（图 3）

图 3A

图 3B

（4）主动饮水促进新陈代谢，防止晶体浑浊，延缓白内障到来，老年人要注意饮水卫生和多饮水。

（5）两掌搓摩生温，以掌心贴在两眼之上，由紧至松，松贴至紧，不断将掌心搓热贴之，反复多次。

（6）坐姿，以掌心（大约劳宫穴部位）轻贴双眼，两眼有深陷感，放手睁眼，配以吸气使眼球有缓缓冲气感和呼吸感，视线左眼左扩远视，右眼右扩远视。收视闭目两掌心轻贴双眼，眼呼吸反复多次。（图 4）

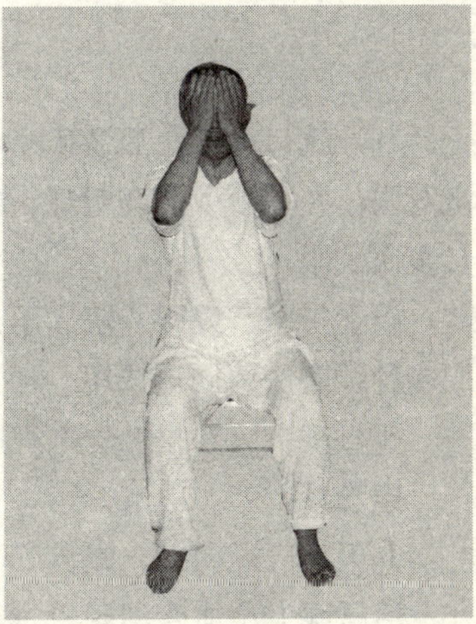

图 4

(7) 左右拇指轻按眼角的瞳子髎穴，左右食指顺眼轮从内向外，先上后下按摩，有时间可两小时按摩一次。读书、看报、看电视后均应按摩眼轮。然后，两个食指按压内眼角的睛明穴，重则滞，轻则补。(图5)

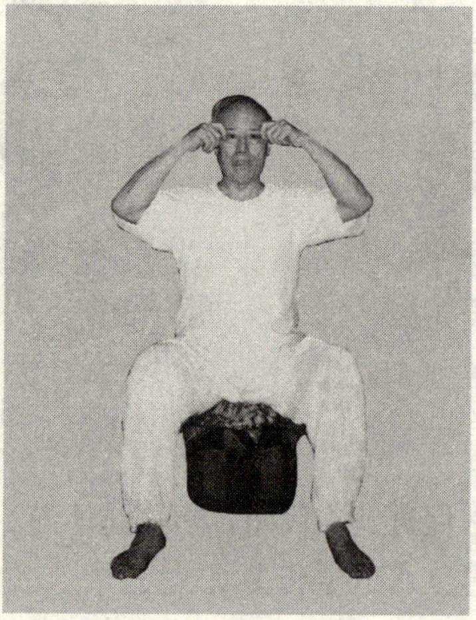

图5

(8) 选口大的小瓶装矿泉水或优质纯净水，每早目对瓶口仰洗双眼，左右上下圆转眼球，以清洁双眼，防止眼疾。有条件每日多次洗眼。

以上护眼、爱眼八法远不是全面养目法，学生的眼操、民间的多种护眼法请同道选用。

每日读书、看报、看电视后多做几次眼养生法。

意念诀

九天之气运（动）眼，

活跃眼大小血管细胞，（重复）

打通眼微循环，加速微循环流量，

清除血内病毒、毒素，

清除眼大小血管内垃圾、脂肪，排出体外，打通眼毛细血管，双眼明亮。

站立发声

（二趾）咦——（中趾）唏——（四趾）微——（小趾）哈！

6. 耳（坐式、站立式）

报载以色列人一养耳法，即早晚热水烫耳，或用热毛巾按摩耳朵，可惜未带回养耳之书面文字。据说摩耳、烫耳血液流通，充氧健脑，开发大脑，虽未查到依据，以上二法足以健耳养脑。

中医医理辨证健耳养耳认为“耳为宗脉之所聚”。周身六阴六阳十二经脉，再加上任督两大脉，即十四正经，均达于头、耳，有“一身之气贯于耳”之说。经常按摩双耳经络疏顺，气血畅通，舒理脏腑，平衡阴阳，增强听力，为脑充气是很自然的。现代医学认为耳似一个侧卧人形，耳廓皮下有很丰富的神经、血管和淋巴组织，医治胃、神经衰弱等病症常施以针灸或埋耳针、埋耳豆等法疗治，较有疗效。

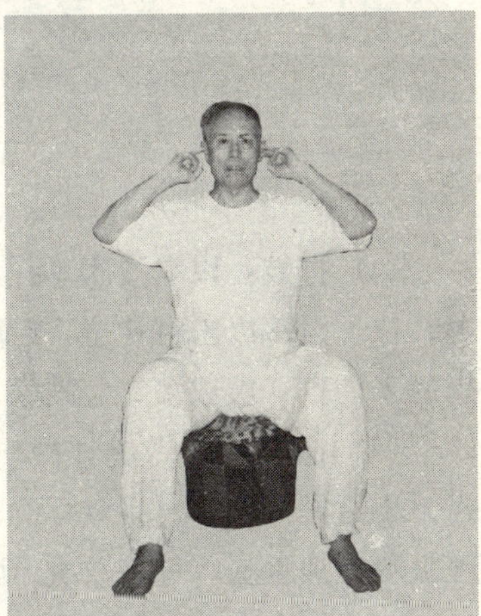

图 6

健耳养耳法如下。

(1) 顺摩：双手以食指在内，拇指在外循耳廓自上而下按摩。每次 36 下。(图 6)

⑵ 耳垂：仍以食指在内，拇指在外自上而下捏捋耳垂。随时捏捋，次数多为好。

⑶ 耳鼓：双手分左右压按住耳孔，五指置于脑后，反复松按孔道，为耳内充气，运动鼓膜，强健鼓膜以增强听力。(图 7)

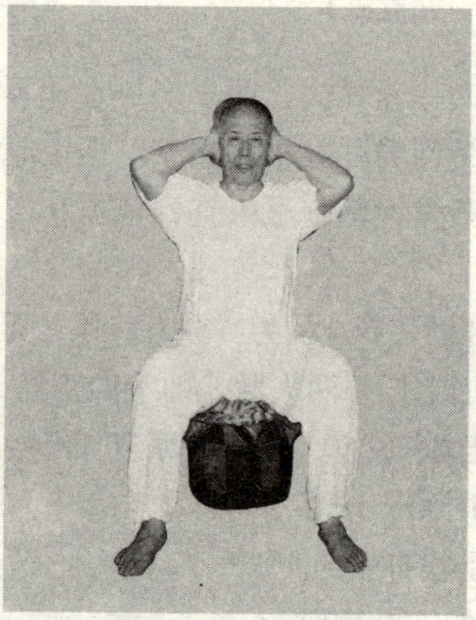

图 7

⑷ 打鼓：以掌按压耳孔，五指放在脑后，食指压在中指背上，往下滑落以击打枕位、后脑，发出击鼓声，人称“鸣天鼓”。想起来便打，次数多有益鼓膜，有利健脑。

⑸ 搓耳：在做健耳操前后，以左右手食指、中指、无名指、小指搓揉双耳，将双耳的轮道也逐一搓揉，健耳的同时，调理脏腑提神醒脑。每日数次，随时操作。

⑹ 如有小虫进入耳孔，灌入葱涕，虫自出。

每日多做几次耳养生法。

意念诀

九天之气运（动）耳，
活跃耳大小血管细胞，（重复）
清洗、稀释耳大小血管血液，
加速微循环流量，
清除耳血内病毒、毒素，
清除耳大小血管内垃圾、脂肪，排出体外。

7. 牙、牙龈（坐式、站立式，不发声）

俗话说："牙疼不算病，疼起来真要命。"牙在人体器官中是外露的，它既有人体器官之功能，又起着对外上下"两扇门"之作用。牙齐，人美，牙美人更美，所以牙齿是美容、健康应关注的器官。

练武人常说"牙是骨之梢"。梢节有了病变对骨不利。有人牙有小疾，动辄拔牙。为了美容而拔牙很不值得。牙齿缺损影响记忆力，不可轻易拔掉。我们要养成护牙、爱牙的良好习惯。也有人说，牙是寿命，不可轻易拔掉。

按摩牙龈：自我护牙爱牙，首要是活动牙龈。牙龈营卫气血流动，牙齿自然健康坚硬。此法其为简单，每天数次以指梢击敲牙龈，用左右手指梢从人中穴起向左右两侧敲击，下从承浆穴向左右敲击。以小力轻敲不痛为准。另法，伸张大拇指、食指，中间形成一个月牙形，左右手轻贴上下唇部左右按动，按摩上下牙龈。

叩齿：上下齿相叩发出清脆声响，以壮牙、健康牙齿。或不发出声响，上下齿空咬合，每天数次，与叩齿效果相同。（男性房事以咬齿为宜）

爱牙养牙应随时动作，想起来便做，只要不影响他人。

意念诀

九天之气运（动）牙龈，

活跃牙龈大小血管细胞，（重复）

九天之气清洗、稀释牙龈大小血管血液，

加速微循环流量，

清除牙龈血内病毒、毒素，

清除牙龈大小血管内垃圾、脂肪，排出体外，赶走病气。

8. 舌（仰卧式，坐式）

爱舌养舌，舌根、舌尖可协助发音，舌生唾液协助饮食消化。

唾液，俗称口水。科学家研究表明，正常人每天分泌唾液大约1公斤，相当于5杯水。

舌在足太阴脾经，足少阴肾经等两个经脉上。传统医学认为脾为涎，肾为唾，唾液为脾肾所化。它来自口腔内的腮腺、颌下腺、舌下腺等唾液腺分泌出来的养生长寿之水。唾液透明无色，中医称它为“金津玉液”，其成分，水占九成以上，其余含钠、钾、钙、氯、硫等离子的盐类，以及粘蛋白、球蛋白、唾液淀粉酶以及唾液腺激素等多种对身体有益的化学成分。唾液可以湿润口腔，软化像干馒头、烤面包干等干硬食物，便于吞咽，还能分解淀粉，促进消化。而唾液对人体的最大贡献是腮腺素具有抗衰老活性，溶解细菌的酶，可以杀菌和清洁口腔，比刷牙还要理想。

医学家研究表明：唾液腺激素能促进细胞的生长和分裂，加速细胞内脱氧核糖核酸和蛋白质的合成，对我们习武之人，能促进眼、牙齿、肌肉、关节等间叶组织的发育。我们练功习武后口内“金津玉液”充盈，要随时漱口，时时分几次将漱过的唾液吞下，意念滋润下丹田，有抗肌体衰老，延年益寿之奥妙。

唾液湿润口腔后，要时时涮舌，即舌沿牙齿外延顺逆时针涮运，像刷牙一样清洁牙齿、牙龈表面，使其有光泽。每次左右各36涮，经常涮舌能预防老年语言障碍，有益脑健康。

经常叩齿，使牙齿坚固，保健作用与涮舌异曲同工。（大小便时请紧咬齿）

注意经常叩齿涮舌有抗衰老之益，可防止老年痴呆言语不清之患。

口出津液分多次慢慢咽下，意下丹田。

9. 心脑大小血管（仰卧式，站立式发声）

心脏是推动全身血液循环的器官，向脑输送新鲜血液和氧气。

操作

仰卧式：以双手掌心向下，距离胸部一拳，从胸部往上向脑部轮番空摩。

站立式：没有动作，以意念默想，从胸间向脑部充氧。

意念诀

九天之气运（动）心脑大小血管，
心脑大小血管充氧，
活跃心脑大小血管细胞，（重复）
九天之气清洗、稀释脑大小血管血液，
加速微循环流量，
清除血内病毒、毒素，
清除心脑大小血管内垃圾、脂肪，排出体外，赶走病气。

站立发声

咦——唏——微——哈！

人体上部（头脸部位）意念养生完成，每天最少一次，有时间多做数次。

注：

① 血管分为动脉、静脉及毛细血管，此养生法以众人习惯的大小血管叫法。

② 根据个人胸脑部位的健康状况可增减意念养生活动量，某部位健康状况不佳可增加活动量。

（二）人体中部——胸腹部

要细心爱护心脏，心脏是人体的司令部。若注意心脏健康但又苦于无从下手，意念养护心脏可随时施法。

1. 心包、心脏（仰卧式，站立式发声）

左手轻旋中脘穴（胸窝下），自左上而右下旋摩圆转。

心脏司职周身血液循环新陈代谢，心包系心脏外部一层膜，心脉和心包壁中间有浆液起润滑心脏之途。心脏活动不受胸腔摩控，从而保护心脏。

操作

仰卧式：以右手掌心轻扶在心脏部位，自上（左）而下（右）旋转轻摩。

站立式：动作同仰卧式。

意念诀

九天之气运（动）心包、心脏，

活跃心包心脏大小血管细胞，（重复）

九天之气清洗、稀释心包、心脏大小血管细胞，

加速微循环流量，

清除血内病毒、毒素，

清除心包心脏大小血管内垃圾、脂肪，排出体外，赶走病气。

(从头顶往下直想双脚脚底) 意血管内病毒及血内垃圾往下直泄入地。

站立发声

咦——唏——微——哈！

2. 胃（仰卧式，站立式）

胃对于人类的生存起到至关重要的作用，人为了活着要吃食物，胃分泌胃液协助消化，人体所需水分是通过胃进入体内。有人喜食大量的零食，给胃造成极大的负担。不注意饮食卫生，将霉变或有污染的东西食进胃里，给胃增添了很多麻烦。胃有病能威胁人的生命。人们平时要防止病从口入，注意饮食卫生和饮食健康，也就是为胃健康把关。

人们对饮食不注意，造成胃的不适，如胃胀、胃酸、恶心、呕吐以及胃溃疡等症。我们应注意自身健康，平时要注意爱胃、养胃，保证胃健康。

治病先防病，请做胃意念养生法。

操作

仰卧式：在睡前和起床前着睡衣操作为佳。左手掌心轻扶胃部位，即中脘穴上，左上右下旋转轻轻摩揉。

站立式：动作同仰卧式。

意念诀

九天之气运（动）胃，

活跃胃大小血管细胞，（重复）

九天之气清洗、稀释胃大小血管血液，

加速微循环流量，

清除血内病毒、毒素，

清除胃大小血管内垃圾、脂肪，排出体外，赶走病气。

站立发声

咦——唏——微——哈!

3. 肺（仰卧式，站立式发声）

人体器官都很重要，哪个部位有病灶，出现病变，直接影响生命。肺脏功能奇特，除了呼吸功能外，由心脏排出来的带有二氧化碳的血液经肺动脉到肺泡内进行气体交换，变成充氧的血液，又回流到心脏。如果肺有病，像肺结核、非典型肺炎危害极大，凡有人群的地方，肺病传播链，动物也难逃劫难，而间接威胁社会群体的安全。

爱肺、养肺、肺养生，对人类是至关重要的。平时要注意锻炼身体，增强肺活量。因为经常注意身体活动，加强胸廓的活动幅度，健全呼吸系统，可以预防肺气肿，使肺脏的呼吸、通气功能顺畅。重要的是肺保健，要注意肺部的意念养生。

意念诀

九天之气运（动）肺，
活跃肺大小血管细胞，（重复）
九天之气清洗、稀释肺大小血管血液，
加速微循环流量，
清除血内病毒、毒素，
清除肺大小血管内垃圾、脂肪，排出体外，赶走病气。

站立发声

咦——唏——微——哈!

4. 肾（站立式发声）

(1) 人活精神，精神从何而来，如果不“抬杠”，精神从肾脏而来。俗话“肾壮精神旺”，话糙理不糙。药王家学告诉我们：“心为肝之子，肾为肝之母。”养肾爱肾，肾保健是经常不断、时时自然之活动。每日晨起双手背后以手背上下左右转圈轻柔也是一种上乘养肾自愉方法（见图 8）。

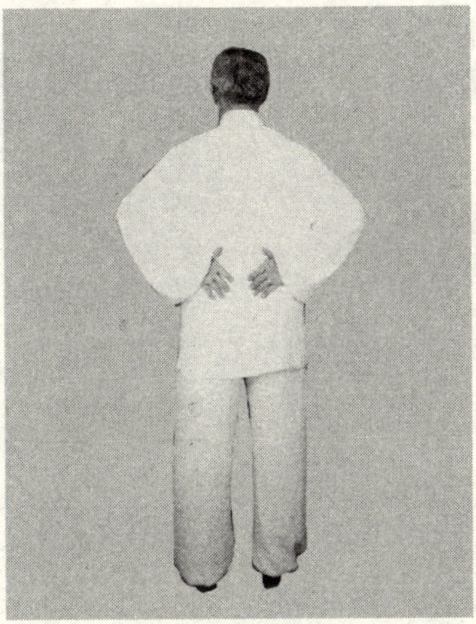

图 8

在睡前、起床后衣服较少揉肾相宜。

室外揉肾以绿色丛中为宜，腰带要宽松。

(2) 每日拍打轻揉养肾，这种养肾操晨起、睡前着装轻便时为宜。到公园散步，衣服整齐，腰带合适，再拍打轻揉有益通畅，有人问如何习练养肾操呢？

请找一棵松树，其他树均可，2 米距背向松树，双脚一肩宽站好。左手自然下垂，右手上举过头，手心向外，右手无名指引领，向左后转动身体，弛颈，头向左转，随身体左转遥望身后松树。松虚双脚，右手轻轻落下，自然松垂。随即左手上举过头，手心向外，以无名指引领，向右后转动身体，弛颈，头随身向右转动，自然为好，遥望身后松树，四九36次。有时间多练，每日上、下午工间操时间可做养肾操，以保肾养肾（图9、图10）。

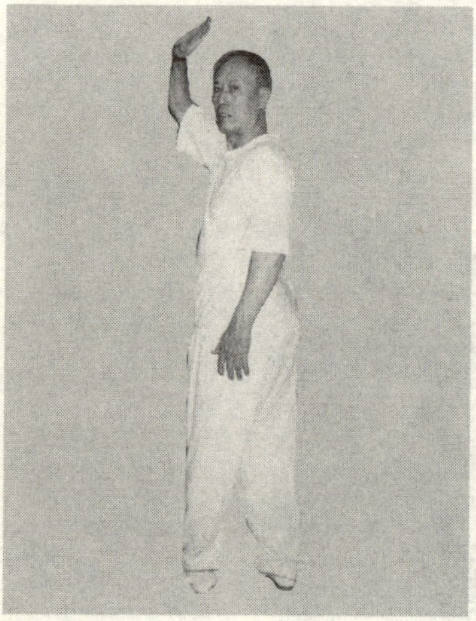

图9

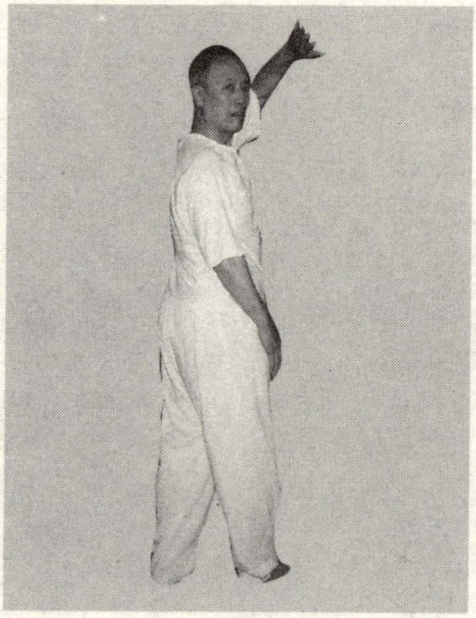

图10

以上两种保肾养肾法，均可发声。

意念诀

九天之气运（动）左肾，九天之气运（动）右肾，九天之气运（动）左肾右肾细胞，

活跃左肾右肾大小血管细胞，（重复）

九天之气清洗、稀释左肾右肾大小血管血液，

加速微循环流量，

清除血内病毒、毒素，

清除左肾右肾大小血管内垃圾、脂肪，排出体外，排出结石。

站立发声

咦——唏——微——哈！

仰卧式意念养肾，在默念意念诀的同时，以左手掌心轻摩揉中脘穴位，左上右下旋摩。

5. 六脏六腑（仰卧式，站立式发声）

为使脏腑通畅以保证身体健康，首先六脏六腑十二条经脉顺畅是脏腑健康的保证。通常的习惯说法是“五脏六腑”，如此少说“心包经”。心厥阴心包经经络走向为中冲穴至天池穴，六阴六阳匹配相合。使六阴六阳脏腑不淤不阻的绝好方法是以意念导引脏腑顺畅，每天至少做一次六脏六腑意念养生法。

意念诀

九天之气运（动）六脏六腑，

活跃六脏六腑大小血管细胞，（重复）

九天之气清洗、稀释六脏六腑大小血管血液，

加速微循环流量，

清除血内病毒、毒素，

清除六脏六腑大小血管内垃圾、脂肪，排出体外，六脏六腑畅通无阻。

站立发声

咦——唏——微——哈！

人体上部“头脑部位”，人体中部“胸腹部位”已结束，凡习练者一定要坚持天天练习，不要中途辍练或停练。这套意念养生法是从民间而得，大众习练效果尚佳，只要坚持就有益身心健康，祛病延寿。

在习练过程中，根据个人健康状态，可增加习练时间或侧重习练几个单项器官，意念诀亦可增减，以顺畅上口为好。大家习

练后，亦可创作出益于健康的意念诀，众人传播共同得到健康，此为善举，功德无量！

（三）人体下部——小腹部

1. 小腹　左掌轻摩（仰卧式，站立式发声）

小腹在人体肚脐以下部位，内藏结肠、空肠、回肠、直肠（通俗说为大肠、小肠）及男女泌尿生殖系统。小腹各个器官正常运转，是身躯总体健康的保证。在小腹部位意念养生运行时（仰卧式），要伴以左右手俯掌在肚脐圆周轻摩。站立式以左掌掌心轻贴小腹，右掌轻扶左掌掌背，自左向右轻轻周转。

在左右掌操作循肚脐圆周轻摩时，可取左右掌互换法，左掌左升右降，右掌右升左降（颠倒术养生）。以下部位均应循肚脐圆转轻摩胆、肝、胰、脾。

意念诀

九天之气运（动）小腹，

活跃小腹大小血管细胞，（重复）

九天之气清洗、稀释小腹大小血管血液，

加速微循环流量，

清除血内病毒、毒素，

清除小腹大小血管内垃圾、脂肪，排出体外，赶走病气。

站立发声

咦——唏——微——哈！

2. 肝胆（左掌轻摩）（仰卧式，站立式发声）

肝有造血之功，怒伤肝，怒极肝劳，惊伤胆，肝胆俱伤，

“心为肝之子”，肝胆潜伏劳损会引发病患，故保肝壮胆是我们必须时刻注意的肝胆健康准则。

像太极拳的揽雀尾式第 5 和第 6 动或以右手掌转扶于肝部位，左掌按于右掌上引领左升右降旋转，具有保肝壮胆的作用。发声震荡及气运摩肝胆也有养护作用。

所谓气按摩，是指有腹式呼吸功能者，以意导引气绕肝旋转，以气按摩肝胆部位，可谓以气运身，以气养器官的气养生。

意念诀

九天之气运（动）肝胆，

活跃肝胆大小血管细胞，（重复）

九天之气清洗、稀释肝胆大小血管血液，

加速微循环流量，

清除血内病毒、毒素，

清除肝胆大小血管内垃圾、脂肪，排出体外，赶走病气。

站立发声

咦——唏——微——哈！

3. 胰腺（右掌轻摩）（仰卧式，站立式）

胰在胃后下方，胰帮助消化可分泌胰岛素，如果胰岛素分泌量过低，失去调节体内糖的新陈代谢，易引发糖尿病。糖尿病很难治愈，发展下去极为影响健康。脾是胰的近邻，位于胃的左侧，脾产生淋巴球，人体内铁存于脾，脾调节脂肪、蛋白质的新陈代谢。平时请注意胰腺保健，白酒过量伤胰，胰破裂生命即停止，请戒酒。

意念诀

九天之气运（动）胰脾，

活跃胰脾大小血管细胞，（重复）

九天之气清洗、稀释胰脾大小血管血液，

加速微循环流量，

清除血内病毒、毒素，

清除胰脾大小血管内垃圾、脂肪，排出体外，赶走病气。

站立发声

咦——唏——微——哈！

4. 泌尿生殖系统（右掌轻摩）（仰卧式，站立式）

生殖系统由肾、男女生殖器官、膀胱、精囊、睾丸、卵巢、子宫等器官组成，担负人类繁衍后代的重任。而“肾为肝之母”，人活动的精气神由肾而来，可见，泌尿生殖系统在人体中作用很大，不可忽视其保健。

换一个视角，泌尿生殖系统多舛，例如肾炎、肾结石、尿毒症、膀胱炎、结石、精囊、卵巢之疾、子宫瘤以及性病，更为危害健康，而且是感染艾滋病的途径之一。

生活中要注意泌尿生殖系统的卫生，还要保持健康的心态洁身自好，此系统在小腹内，揉摩小腹以意念养生为佳。

意念诀

九天之气运（动）生殖系统，

活跃生殖系统大小血管细胞，（重复）

九天之气清洗、稀释生殖系统大小血管血液，

加速微循环流量，

清除血内病毒、毒素，

清除生殖系统大小血管内垃圾、脂肪，排出体外，赶走病气。

站立发声

咦——唏——微——哈！

5. 前列腺（左掌轻摩）（仰卧式，站立式）

在人体生殖系统中，男性特有的前列腺器官亦称男性生殖器部件，是位于膀胱下面的一个腺体，功能分泌的液体伴以精液射出。

前列腺体积不大，约栗子般大小，为什么单单拿出来列为养生功修炼呢？前列腺并不大，但是人类繁衍生息的重要部件，有些人年老常闹前列腺肥大、前列腺炎等病症，病患者十分痛苦，闹大了还要动手术。如果平时注意保健，就会减少前列腺病变的机会。

操作

(1) 以手食指、中指、无名指、小指等4个手指揉动；(2) 经常收吸小腹下部；蠕动前列腺。

意念诀

九天之气运（动）前列腺，

活跃前列腺大小血管细胞，（重复）

九天之气清洗、稀释前列腺大小血管血液，

加速微循环流量，

清除血内病毒、毒素，

清除前列腺大小血管内垃圾、脂肪，排出体外，赶走病气。

站立发声

咦——唏——微——哈！

6. 阴囊（站立式或蹲马步）

阴囊内有睾丸、附睾、输精管、射精管、精囊、前列腺、阴茎，亦称肾囊，分泌一种睾酮，也就是雄激素或称男性荷尔蒙。阴囊是男性生殖系统的重要器官，配以阴茎，男女交合衍繁后代。

从男科病患调查看，婚后男性患有不同程度男科病患者数字惊人，多为阳痿、早泄、勃起障碍等症状，此病对身体无大碍，但影响家庭生活。

古代性养生辨证施治以动物药、植物药进行温补，疗效一般，而古代民间“铁裆功”养生术有奇效。铁裆功冬练“三九”，夏练“三伏”，常年习练不辍，此功讲究“捻揉挂搓打”，门派不同，也有“捻拿揉挂拢”，不管什么方法练功都很艰苦。笔者见铁裆功习练者蹲裆骑马式，左右掌高举下落轮番抽打睾丸，将睾丸击打得往回缩成一个小球，然后以绳系一块 3 公斤重的板砖挂吊在睾丸上，挂一次功要十几分钟，没有体力难以坚持。习练者铁裆功成，用力踢，踢之不动，也许踢者脚要受伤。

我们为了保健，去繁就简，只练揉、搓、攥、打以健体、祛病、养生。姿势不限，站、坐、蹲裆、马步式均可，方法如下：

武术家捏捻输精管，在阴囊底部两侧，也有称它为“精锁”，管质坚硬，捏捻时挡手，略有痛感。大家不妨试试，定有收效。

揉——单手操作或双手合掌揉，似揉保健球揉阴囊，以小痛为准，时而加大，大痛后速减力，时加力减力交替行动，左右手互换，每次 1~3 分钟。

搓——双手操作，两手搓热后，以掌心挟住阴囊前后搓揉，一般没有痛感。每次 1~3 分钟。

攥——单手操作，大把攥住阴囊，轻重力交替，松紧变换手法。左右手交换操作，每次 1~3 分钟。

打——马步或站式，左右手轮番下打，忍小痛到不痛，每次 1~3 分钟。

以上睾丸保健操练四法，以中年以上年龄组习练为宜，目的以刺激睾丸分泌雄激素，防止衰老，增强雄健勃起功能。此法对

欢迎光临

上海正大二店

==交易时间:2008-11-14 15:07:56==

网址:

地址: 陆家嘴西路168号[illegible]

电话: 50988818

[illegible]

001 自然大极[illegible]

1 22.00 100.00 [illegible]

001 [illegible]

1 29.80 [illegible]

<合计> 2 [illegible]

应 收: [illegible]

实 收: [illegible]

银行卡: [illegible]

找 零: 0.0

让 利: 0.0

[illegible]

光盘已领

年老多病、阳痿、早泄者也许有神奇的功效。

意念诀

九天之气运（动）睾丸，

活跃睾丸大小血管细胞，（重复）

九天之气清洗、稀释阴囊大小血管血液，

加速微循环流量，

清除血内病毒、毒素，

清除阴囊大小血管内垃圾、脂肪，排出体外，赶走病气。

站立发声

咦——唏——微——哈！

7. 子宫（女）（右掌轻摩）（仰卧式，站立式）

子宫是女性独有的人体器官，在膀胱上位，像一个口向下的囊体。卵子受精后，在子宫内发育成长为胎儿。子宫是一座适合人类孕育胎儿的宫殿，母体为胎儿提供充足的水、食物和氧气。

女性应该十分关爱自己的子宫，但有些女性珍爱这个重要器官不够，平时不注意运动生理卫生，有些已婚男性也缺乏保护女性健康的意识。女性生殖系统有病痛，多要殃及子宫，患子宫瘤、子宫癌、宫颈癌、部件发炎等等。建议女性朋友注意下身清洁，做意念养生功。

意念诀

九天之气运（动）子宫，

活跃子宫大小血管细胞，（重复）

九天之气清洗、稀释子宫大小血管血液，

加速微循环流量，

清除血内病毒、毒素，

清除子宫大小血管内垃圾、脂肪，排出体外，赶走病气。

站立发声

咦——唏——微——哈!

(四) 人体周身

以仰卧式为佳，默意念诀，伴以左右掌上下自然轻摩，在任脉上从天突穴往下至曲骨穴，左右手互换。此法为京城太极大师杨禹廷亲传，他介绍自 42 岁运用此法，在晚上入睡前轻摩胸腹 200 次至 96 岁寿终，不曾生过大病，六脏六腑通畅，舒服从无淤阻病患。恩师传授给我后，我习练有二十余载，感觉脏腑通畅无淤无阻，无便秘不畅之患，也未患过大疾大灾，身心健康。

笔者在实践中将其加以改进，不单单百数摩，而将胸腹贯通全身的脏器默诀（诸如筋骨、肌肤、微循环及毛细血管、奇经八脉、动脉、静脉、全身大小血管等等)，加以两掌轻摩，达到内外双修之功效。从周身上下以及器官经脉分部位逐一轻摩，便于把握。有一位中年妇女多年痛经，习此法后几个月，痛经消失。有类似症状者可试试。胸腹轻摩示范图（图 11)：

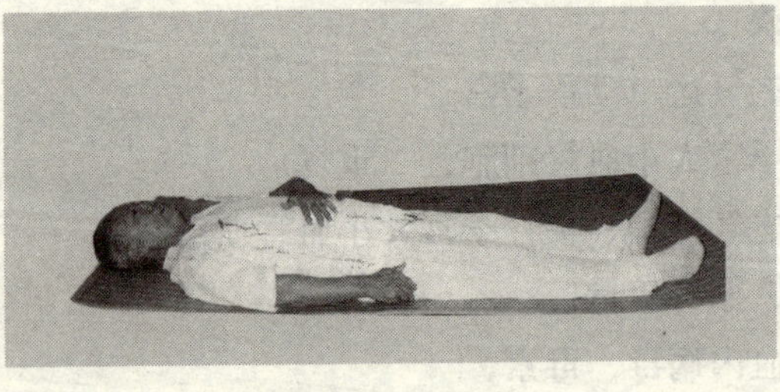

图 11

1. 六阳六阴经络（仰卧式，站立式）

从传统医学视角审视，保健养生归根结底是经络养生。人的十二条经脉为六阴六阳经络。从脚到顶，从顶到脚，六阴六阳经络贯通全身无所不在，经通络活，不淤无阻，提高生命质量，何病之有。临床患者循经疹泡，医药难求，唯对经络施以针灸疗法，或循经按摩可免于病患。

养生者追求身体康泰，经脉无淤无阻，脊椎运行通畅，健脑益脑，脑流高质量畅通。祛病延寿是我们养生的渴求。运动项目多样，唯内外双修意念养生经络易练，效果尤佳，请君审之。（后附药王36代传人中医药学家、针灸家、武术大师孙继光编《药王孙氏鄭州系经络图》16幅供学习参考）

操作

仰卧，双掌轮流从上至下轻摩胸腹，伴以意念默诀。站立式而阳光充足立隐于树叶后，默诀发声。

意念诀

九天之气运（动）六阴六阳经络，
活跃六阴六阳经络大小血管细胞，（重复）
九天之气清洗、稀释大小血管血液，
加速微循环流量，
清除血内病毒、毒素，
清除大小血管内垃圾、脂肪，排出体外，赶走病气。

站立发声

咦——唏——微——哈！

附一：

孙氏鄚州系经络图

孙思邈鄚州系经络图十六幅和穴位歌，是当年供孙氏后人针灸与练武学内功而设的。其经络穴位图识，基本上与现代海内外中医大专院校所供之学相吻合，也显示了药王孙思邈在经络针灸学上的独特辨识。鄚州系传学一千余年，启迪使用到了今朝，仍未改其宗。因这些图识与歌诀活泼生动易学易记，颇有功夫特色，可聊供练家子们研而有语，广为参考。能有幸不误世人之修，是我本愿。

附图 1 鄚州系针度量法图示。鄚州系针灸度量法，与现代流行的法则基本相似。所示骨度法、身寸法、指量法，均指依法判断被针灸之人而言，病患者高矮胖瘦形体异别，需要依法度测而后行。练目力，总结经验，实践之后而知必不可少。

附图 2 足太阴脾经（共 21 穴）。孙氏鄚州系与现代流行的经穴图示等，古今基本吻合，认经认穴基本相同。所示不同点在于认识“阿是穴”。即针灸进行中，依经络布穴行针时，再根据疼痛点补针，甚至直刺痛点。其后十四图依旧如此，故不再赘言。咏脾经诗诀：脾是太阴坤足洲，隐白在脚大趾头。大都太白公孙流，商丘三阴交常友。漏谷地机阴陵泉，血海箕门冲门走。府舍腹结大横恋，腹哀食窦天谿留。胸乡周荣大包去，二十一穴呼长求。易位为坤玄女色，主思嗜甘戒忘愁。

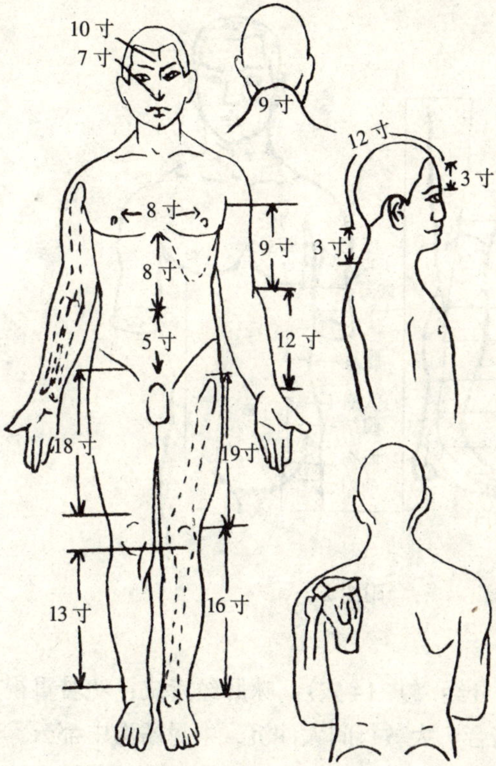

分寸析量法（骨度法）

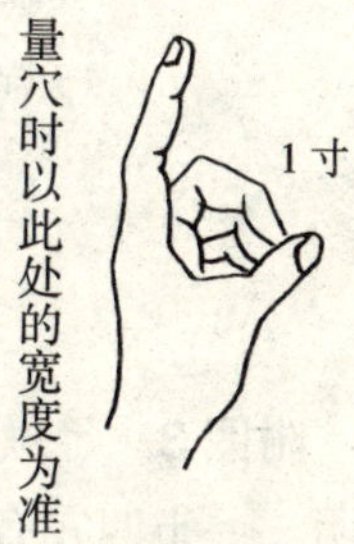

中指同身寸

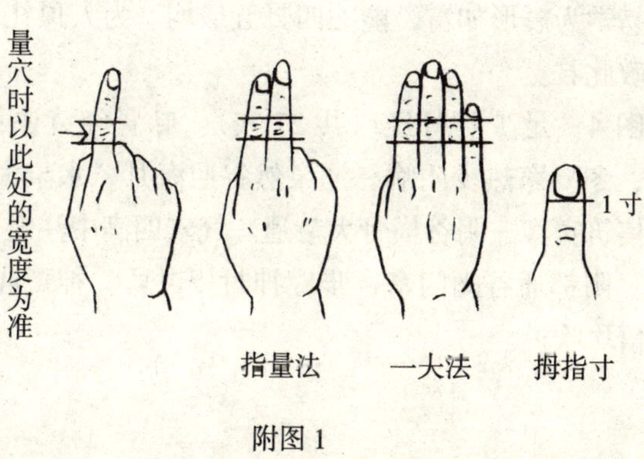

指量法　　一大法　　拇指寸

附图 1

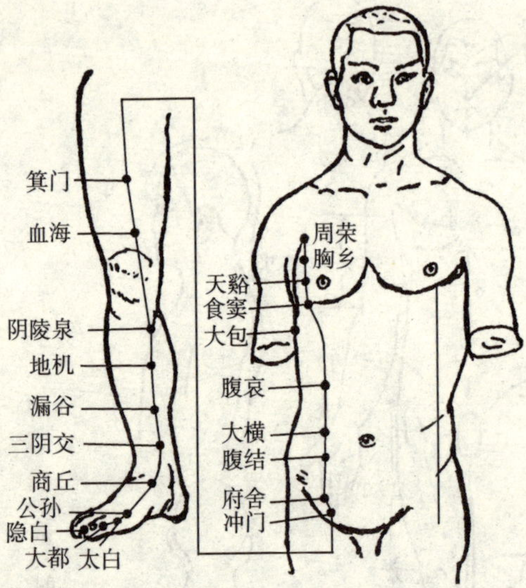

附图 2

附图 3　足厥阴肝经（共 14 穴）。咏肝经诗诀：劝君重视足厥阴，一十四穴有谐音。大敦行间太冲沉，中封蠡沟中都云。膝关曲泉阴包深，五里阴廉急脉纯。章门期门终顺畅，制怒常嘘星月春。易学为震形如雷，能嘘四野五酸均。为人顶礼拜天地，不如就近敬此君。

附图 4　足少阴肾经（共 27 穴）。咏肾经诗诀：此经三九二十七，冬夏寒热少阴喻。涌泉然谷照海月，水泉大钟明太豀。复溜交信筑宾客，阴谷横骨大赫逼。气穴四满中注定，肓俞商曲石关急。阴都通谷幽门寨，步廊神封望灵墟。神藏彧中拜俞府，经止咸悟坎吹谜。

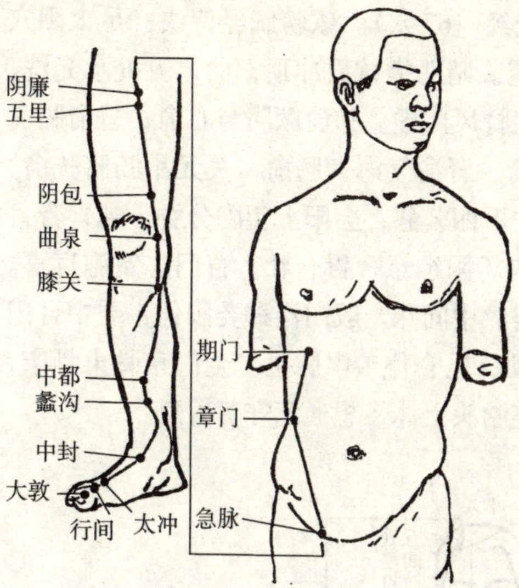
阴廉
五里
阴包
曲泉
膝关
中都
蠡沟
中封
大敦
行间
太冲
期门
章门
急脉

附图 3

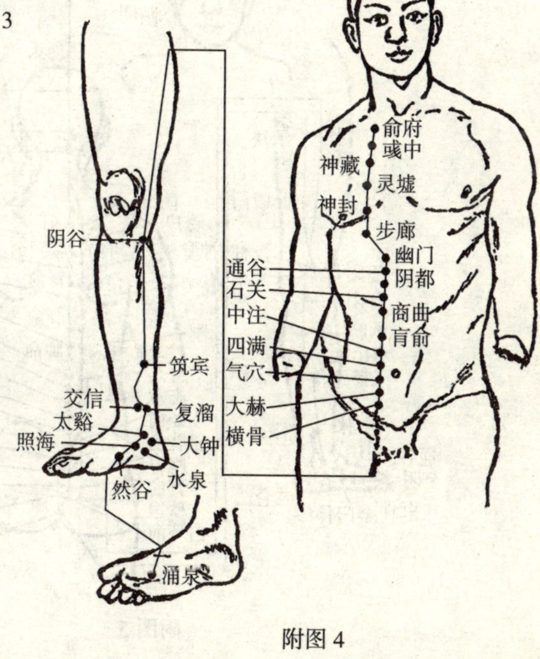
阴谷
筑宾
交信
复溜
太谿
照海
大钟
然谷
水泉
涌泉
俞府
彧中
神藏
灵墟
神封
步廊
幽门
通谷
阴都
石关
商曲
中注
肓俞
四满
气穴
大赫
横骨

附图 4

附图5 足太阳膀胱经（67穴）。歌膀胱经诗诀：足太阳穴六十七，坎中为阳雾彩霓。睛明攒竹眉冲顶，曲差五处承光洗。通天络却玉枕连，天柱大杼风门虚。肺俞厥阴与心俞，督俞膈俞肝胆俞。脾俞胃俞三焦俞，肾俞气海大肠俞，关元小肠膀胱俞，中膂白环十八俞。上次中下四名髎，会阳上望附分脊。魄户膏肓神堂镇，譩譆膈关魂门取。阳纲意舍胃仓壮，肓门志室胞肓喜。秩边二十一椎处，承扶臀纹中间咪。殷门浮郄委阳任，委中合阳承筋余。承山飞扬跗阳动，昆仑仆参申脉里。金门京骨束骨亲，通谷至阴终透弥。吹咸连哈头上沐，想通意守莫着急。

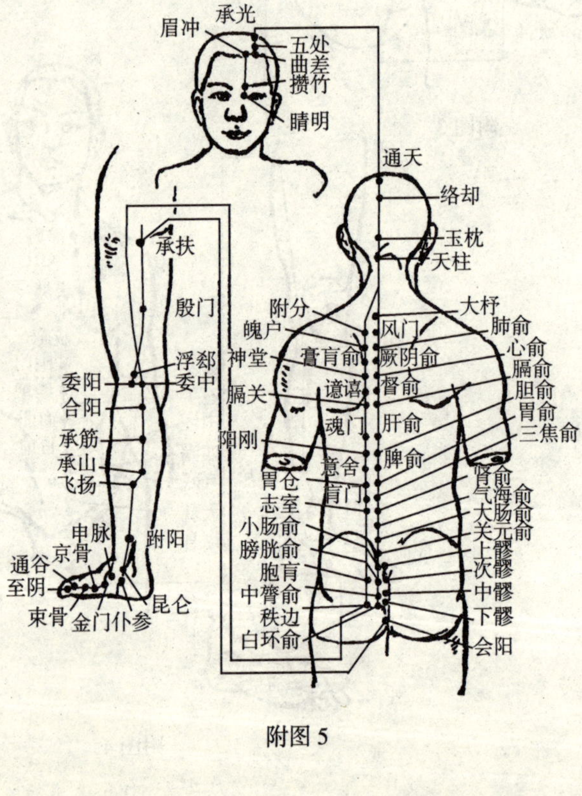

附图5

附图 6　足阳明胃经（共 45 穴）。歌胃经诗诀：足阳明穴四十五，承泣四白巨髎悟。地仓大迎颊车起，下关头维人迎补。水突气舍缺盆象，气户库房屋翳楚。膺窗乳中乳根通，不容承满梁门抚。关门太乙滑肉门，天枢外陵大巨呼，水道归来气冲净，髀关伏兔阴市伏。梁丘犊鼻足三里，上巨虚府条口舞。下巨虚上丰隆串，解谿冲阳走陷谷。内庭厉兑是终端，大趾次趾甲后鼓。八卦九宫艮中黄，后天之元欢呼舒。

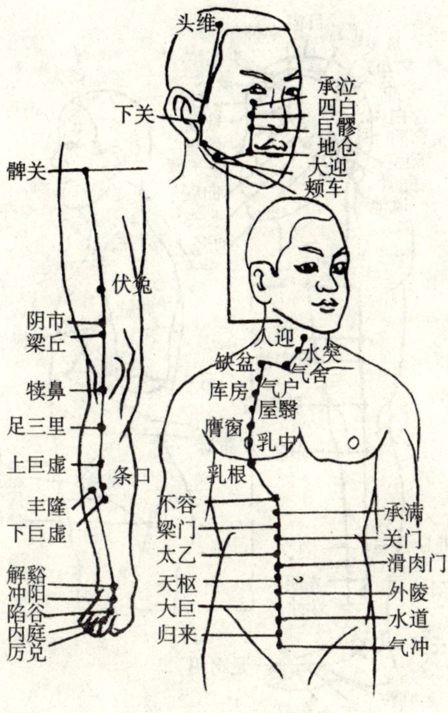

附图 6

附图 7 足少阳胆经（共 44 穴）。歌胆经诗诀：足少阳经十一阳，为主神魄巽位藏。瞳子髎听会上关，颔厌悬颅悬厘扬。曲鬓率角天冲去，浮白窍阴完骨昂。本神阳白头临泣，目窗正营承灵强。脑空风池肩井下，渊腋辄筋日月亮。京门带脉五枢域，维道居髎环跳畅。风市中渎漆阳关，阳陵泉穴阳交敞。外丘光明阳辅佐，悬钟丘墟穴用常。足临泣连地五会，侠谿足窍阴终像。本经忌风易石结，适酸嘘咦哈闷唱。

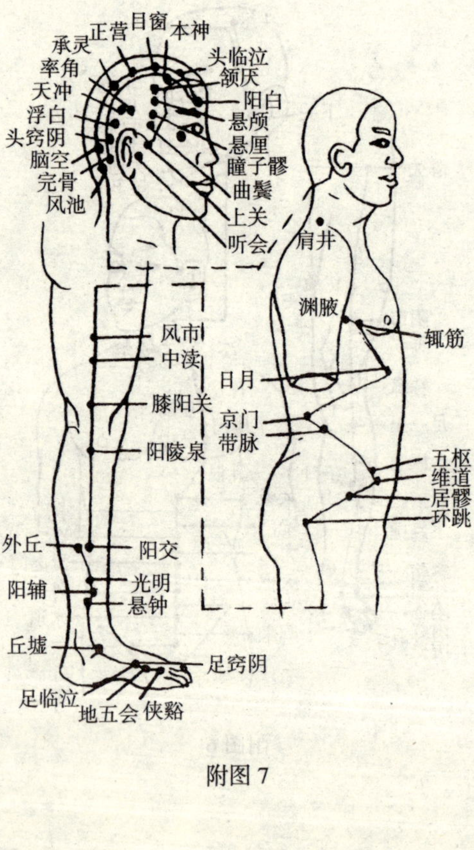

附图 7

附图 8 手太阴肺经（共 11 穴）。咏肺经诗诀：兑位易云手太阴，中府云门天府金。侠白尺泽孔最少，列缺经渠太渊深。鱼际少商似线叶，大指拇端外侧跟。秋呬最忌闻口耳，吐纳辛鸣出慧人。

附图 9 手厥阴心包经（共 9 穴）。咏心包经诗诀：此经位离阴中阴，常在脏中控火蕴。天池天泉曲泽掖，郄门间使内关伸。大陵劳宫中冲终，宜输百劳累可呻。夏呵蕴悠音能震，不淤苦火悦如神。

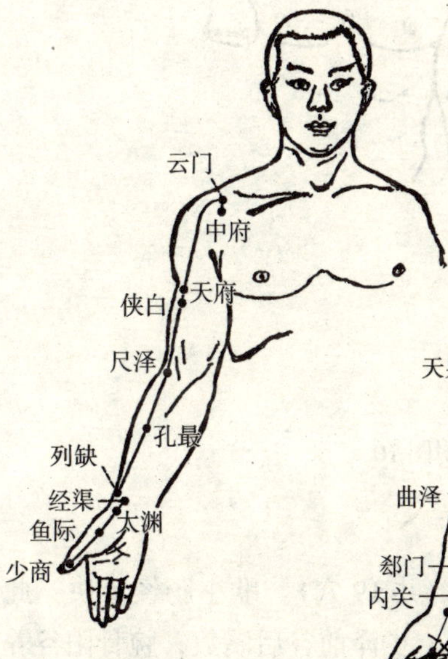

附图 8

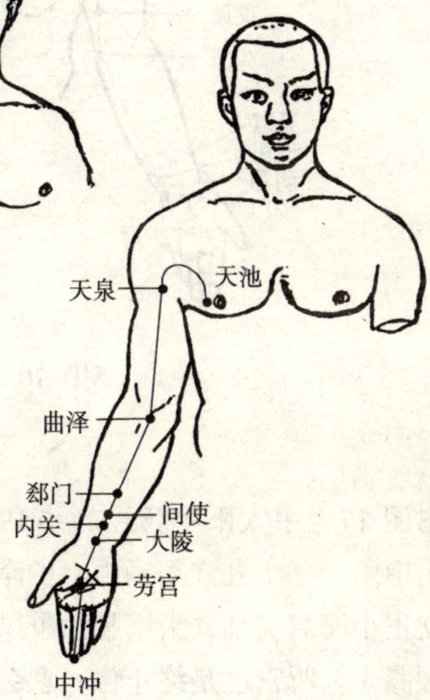

附图 9

附图 10 手少阴心经（共 9 穴）。咏心经诗诀：离示心经天上火，浮在均布极泉根。青灵少海接灵道，通里阴郄开神门。少府少冲小指侧，畅舒依律大学问。延龄夏呵平急缓，口苦眼赤宜调温。

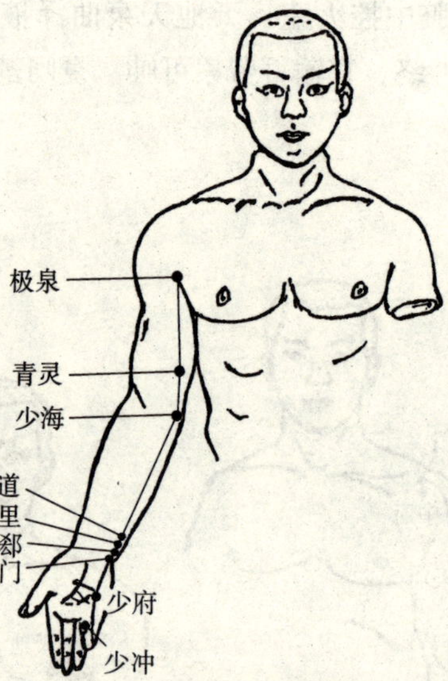

附图 10

附图 11 手太阳小肠经（共 19 穴）。歌小肠经诗诀：此经在离阴中阳，一十九穴需畅强。少泽前谷后溪数，腕骨阳谷养老方。支正小海肩贞辅，天宗臑俞秉风防。曲垣肩外肩中俞，天窗天容颧髎光。听宫已是终止位，意会可达舌下香。其阻全因酸碱乱，夏苦悠呵抚帮长。

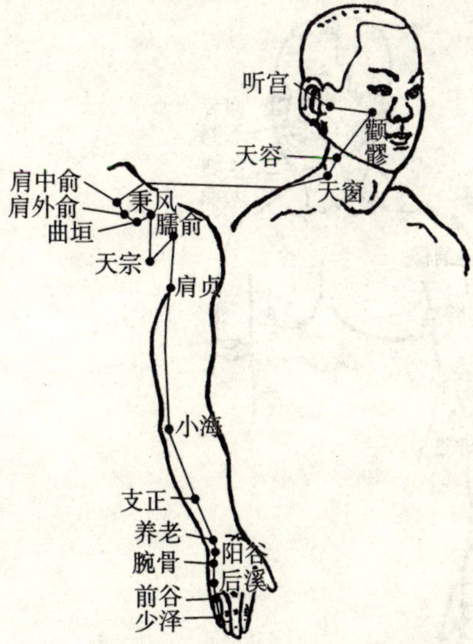

附图 11

附图 12 手阳明大肠经（共 20 穴）。歌大肠经诗诀：手阳明经是乾阳，与肺同卦自悠长。商阳二间三间动，合谷阳溪偏历房。温溜下廉上廉开，手三里处曲池香。肘髎五里臂臑力，肩髃巨骨天鼎扛。扶突禾髎迎香尽，气血运润慢咽唱。二十五阳根则壮，微辛沉浮散白荒。

附图 13 手少阳三焦经（共 23 穴）。歌三焦经诗诀：手三焦经离中阳，关冲液门中渚长。阳池外关支沟路，会宗三阳络向上。四渎天井清冷渊，消泺臑会肩髎常。天髎天牖翳风静，瘛脉颅息角孙强。耳门和髎丝竹空，祉静肠和清输亮。此腑虽无器腑玄，却关五常苦色忙。

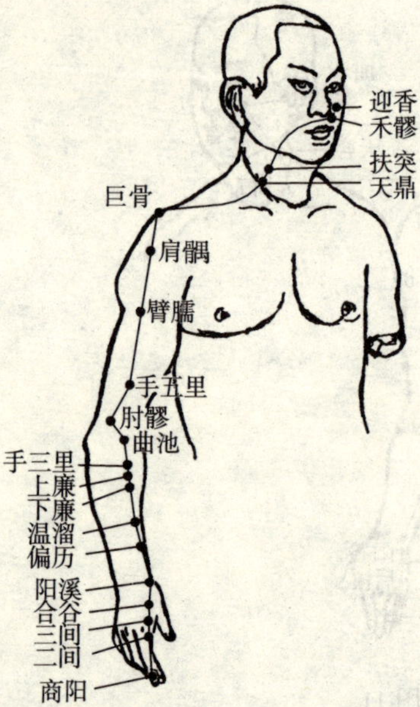
迎香
禾髎
扶突
天鼎
巨骨
肩髃
臂臑
手五里
肘髎
曲池
手三里
上廉
下廉
温溜
偏历
阳溪
合谷
三间
二间
商阳

附图 12

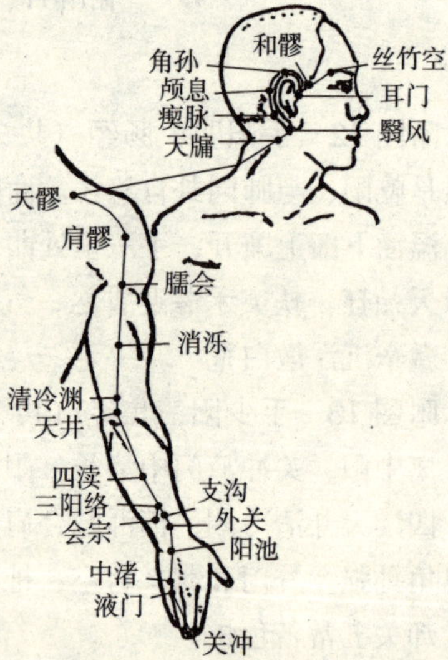
和髎
角孙
丝竹空
颅息
耳门
瘈脉
翳风
天牖
天髎
肩髎
臑会
消泺
清冷渊
天井
四渎
支沟
三阳络
外关
会宗
阳池
中渚
液门
关冲

附图 13

附图 14　任脉（共 24 穴）。咏任脉诗诀：任脉廿四是总阴，意统六脏助佳人。会阴曲骨中极力，关元石门气海深。阴交神阙应慎娶，水分下脘建里新。中脘上脘呈巨阙，鸠尾中庭膻中音。玉堂紫宫现华盖，璇玑天突廉泉云。承浆方是真沐授，坤上坤下咏和养。

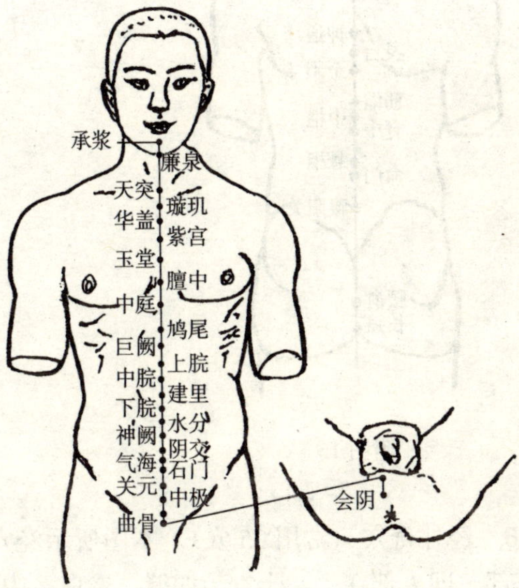

附图 14

附图 15　督脉（共 28 穴）。歌督脉诗诀：四七督脉歌天楚，真阳气足统六腑。长强腰俞腰阳关，命门悬枢脊中数。中枢筋缩至阳在，灵台神道溯身柱。陶道大椎长哑门，风府脑户强间布。后顶百会前顶宫，颅会上星神庭赋。素髎人中兑端和，龈交开口歌且舞。

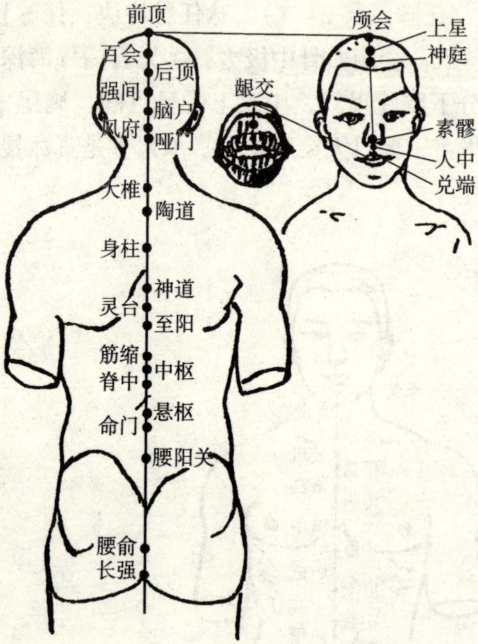

附图 15

附图 16 经外奇穴（常用 35 穴）。本图所示经穴，按传统医理亦分三部，即人部在手：十宣、四缝、二白、中泉、落枕、八邪、大骨空、小骨空共八穴；地部在足腹：八风、内踝尖、外踝尖、阑尾、膝眼、鹤顶、髋骨、子宫、维宫、三角灸、丹田共十一穴；天部在背项：环中、腰奇、腰眼、精宫、痞根、骑竹马、气喘、华佗挟脊、喘息、百劳、四神聪、印堂、鱼腰、太阳、玉液、金津共十六穴。咏经外奇穴诗诀（奇经新长恨歌）：十宣四缝二白国，中泉落枕八邪得。大骨小骨空长成，八风内踝尖未识。杨家外踝尖难弃，阑尾膝眼鹤顶侧。髋骨子宫维宫生，三角灸丹田颜色。环中腰奇腰眼池，精宫痞根洗凝脂。骑竹马气

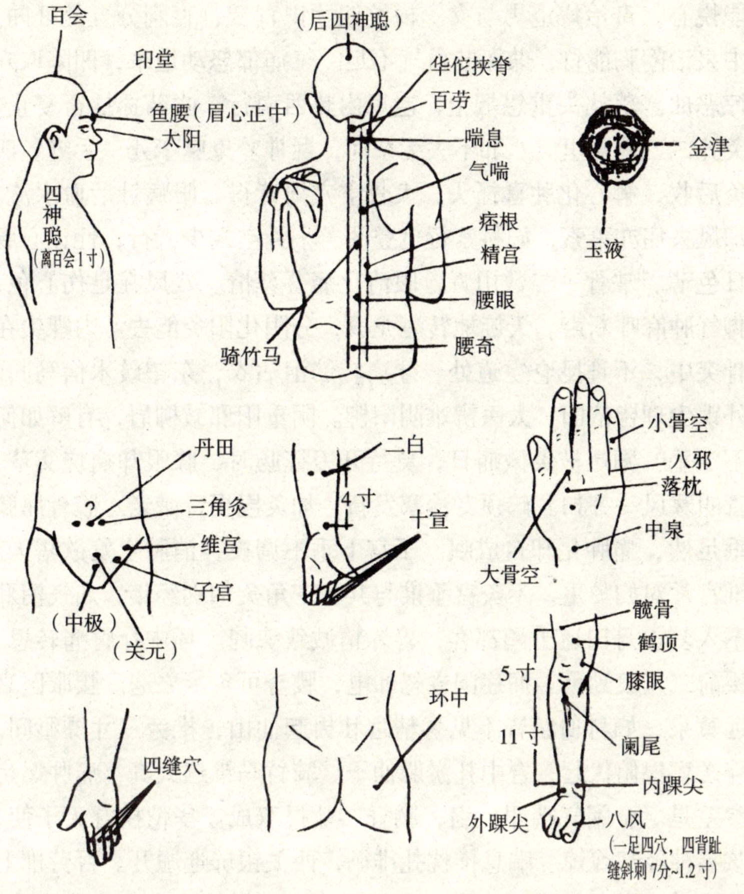

附图 16

喘无力，华佗挟脊喘息时。百劳四神聪步摇，印堂鱼腰太阳宵。玉液金津舌高起，三十五穴难早朝。十宣掌端无闲暇，距指一米夜专夜。后扎放血中风人，热病昏迷救一身。四缝手掌娇侍夜，三棱点刺醉和春。男儿女儿疳积土，挤出黏液生门户。二白筋藏能悦心，奇治痔疮男与女。横纹四寸识青云，直刺分五处处闻。中泉治闷胸能竹，兼医吐血气不足。气痛郁怒动地来，凹陷取穴惊恶曲。落枕头重怨烟尘，岂思内热西南行。吃药摇摇行复止，灸扎二三掌骨里。八邪不去无奈何，疑神梦鬼麻挛死。手缝各四灸后收，解心化肿喜搔头，大骨空穴拇背得，眼病针后血水流。却风去痛亦萧索，妇科萦行也登阁。小骨空穴少人行，性让心肠日色薄。掌骨一二数山青，眼清化痛暮暮情。八风在足伤心色，脚气肿麻呼断声。天旋地转瘫龙驭，分阴化阳灸能去。内踝尖在骨突中，不拜昆仑空道处。牙痛转筋泪沾衣，东望歧术信马归。外踝尖理皆依旧，太医辨难阴阳柳。阴重阳邪皱柳眉，有解如何不泪垂？阑尾被灸微痛日，莫待开刀缝肠时，膝眼却痛烧艾草，管叫寒风一齐扫。鹤顶专治寒发新，加灸岂畏青娥老。髋骨屈膝垂足然，痛肿化却自成眠。子宫下垂不调夜，消肿生发欲曙天。维宫常对妇龄重，不灸宫垂谁与共？三角灸却别经年，疝气消邪不入梦。丹田道士鸿都客，善炼精诚致魂魄。环中疗臀痛转思，腰俞二穴殷勤觅。痫症闷昏忽如电，腰奇可灸求之遍。腰眼医衰远黄泉，妇科遗精皆不见。精宫壮男起仙山，椎旁三寸缥缈间。辞送痞根俯伏起，脊中扎淤躲仙子。骑竹马锥遇太真，痛肿瘰疬参差是。金阙气喘叩玉扁，胸脊二寸报双成。华佗挟脊天子使，咳喘神经却魂惊。喘息推枕扎徘徊，西关银屏迤逦开。百劳椎上新睡觉，淋巴结核下堂来。四神聪顶飘飘举，头晕癫痫莫凑曲。印堂玉容辞阑干，鼻患抽搐不带雨。鱼腰眉中瞥君王，一扎视物两不茫。太阳浅刺面瘫绝，兼顾头重牙痛长。舌头下望卷寰处，金津玉液见尘雾。止吐口疮表深情，点刺出血急将去。图诗一股合一扇，人命如金未分钿。但教岐道金如坚，天人合一会相见。阴阳互维重寄词，词中有术两心知。七阴七阳长生殿，调平元人忌语时。奇经常穴比翼鸟，迟误总因妄分枝。未展天地人时尽，当恨绵绵无绝期。

(图止诗歌终)

了解人体六阴六阳经络图，熟悉它，知道人体经络走向，对自身的保健养生极为重要，望互勉。

孙氏鄭州系三十四代医孙纪乾老人传授。再传外男继光·德泷·檀林整理

孙继光(檀林)先生，释名德泷，中药王孙思邈鄭州系第三十六代传人。为我国文学、医学、武林界三栖的著名学者。现任中国保健科技学会专家委员、中国养生保健促进会副会长、中国纪实文学研究会常务理事副秘书长、中国作家协会会员、中国少林弟子国际武术院教育顾问、中国任丘孙思邈防治疑难病专利研究所所长、研究员。原任中国国际文化传播中心副总干事、中流杂志社副社长。

2. 奇经八脉 (仰卧式，双掌自上而下轻摩胸腹，站立式发声)

奇经，从字面解释别于十二经运行轨迹和气血循环系统，它不像十二经脉与十二脏腑相配，如足少阴胆经与胆器官相配，手太阳小肠经与小肠相合。奇经另路奇行。八脉有任脉、督脉、冲脉、带脉、阴跷脉、阳跷脉、阴维脉、阳维脉等，它的功能司职沟通十二经脉之间的联系，对十二经脉气血营卫渗灌调节。

奇经八脉看不见摸不着，但能感觉到，如拳人以意导引任督二脉贯通小周天养生，奇经八脉以意念养生为佳。

意念诀

九天之气运（动）奇经八脉，

活跃奇经八脉大小血管细胞，（重复）

九天之气清洗、稀释奇经八脉大小血管血液，

加速微循环流量，

清除血内病毒、毒素，

清除奇经八脉大小血管内垃圾、脂肪，排出体外，赶走病气。

站立发声

咦——唏——微——哈!

附二

奇经八脉简图

1. 任脉

经脉循行路线：起于中极之下，以上毛际，循腹里，上关元，至咽喉，上颐循面，入目。

经脉病候：疝气，带下，腹中结块等症。

2. 督脉

经脉循行路线：起于下极之输，并于脊里，上至风府，入脑，上巅，循额，至鼻柱。

经脉病候：脊柱强病、角弓反张等症。

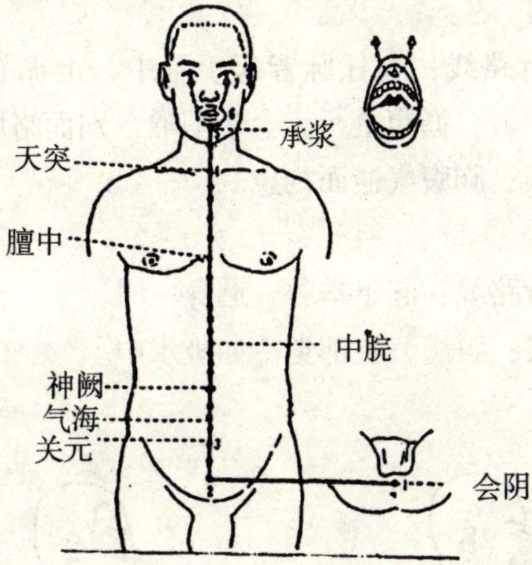

附图 17　任脉

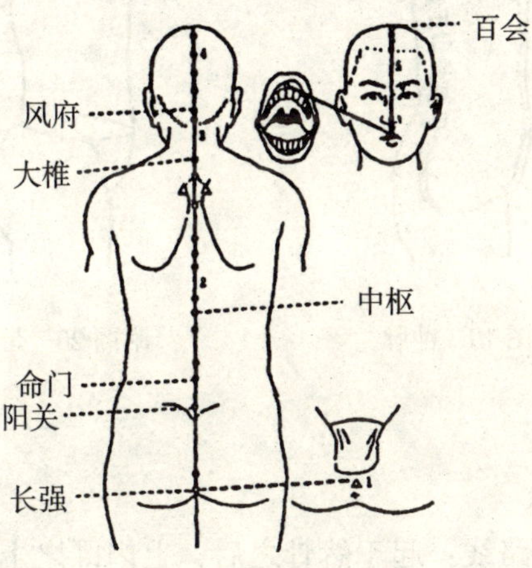

附图 18　督脉

3. 冲脉

经脉循行路线：与任脉皆起于胞中，上循脊里，为经络之海，其浮于外者，循腹上行，会于咽喉，别而络唇口。

经脉病候：胸腹气逆而拘急。

4. 带脉

经脉循行路线：起于季胁，迴身一周。

经脉病候：腹满，腰部觉冷如坐水中。

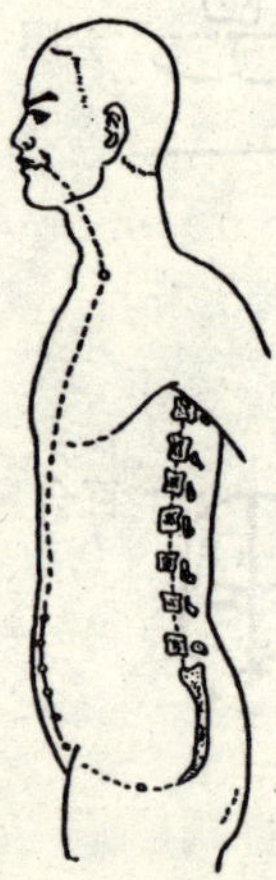

附图 19　冲脉

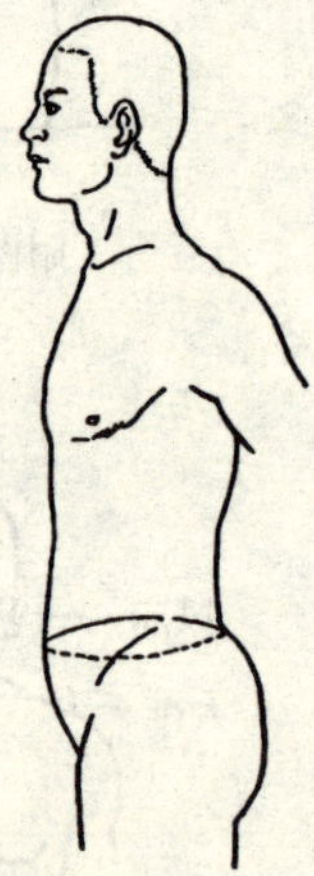

附图 20　带脉

5. 阴跷脉

经脉循行路线：起于然骨之后，上内踝之上，直上，循阴股，入阴，上循胸里，入缺盆，上出人迎之前，入颧，属目内眦，合于太阳。

经脉病候：多眠、癃闭等症。

6. 阳跷脉

经脉循行路线：起于跟中，循外踝上行，入风池。

经脉病候：目痛从目内眦始，不眠等症。

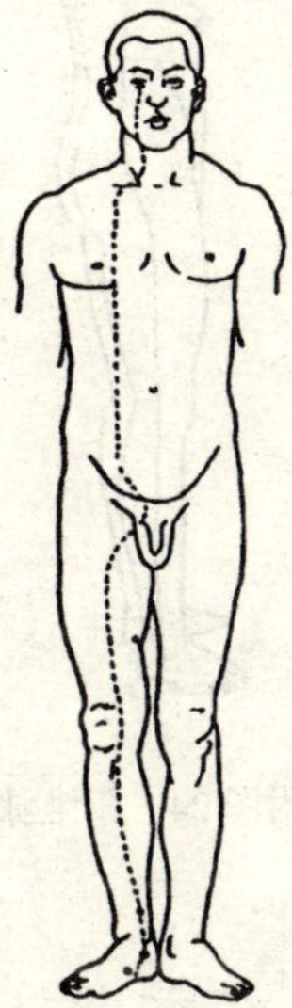

附图 21　阴跷脉

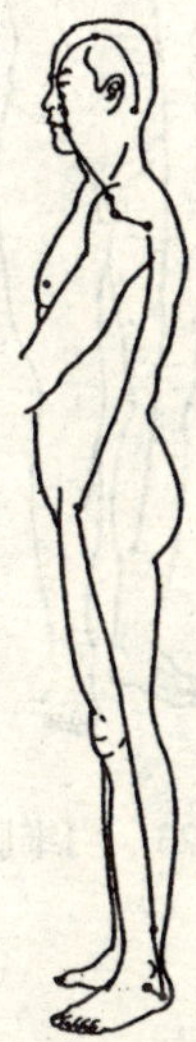

附图 22　阳跷脉

7. 阴维脉

经脉循行路线：其脉起于诸阴之交。

经脉病候：心痛，忧郁等症。

8. 阳维脉

经脉循行路线：其脉起于诸阳之会。

经脉病候：恶寒发热，腰痛等症。

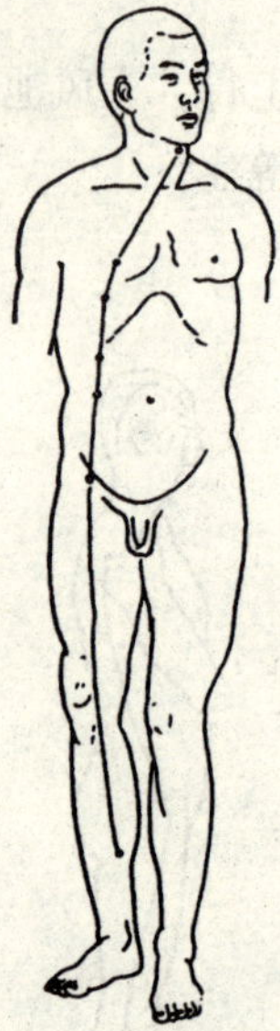

附图 23　阴维脉

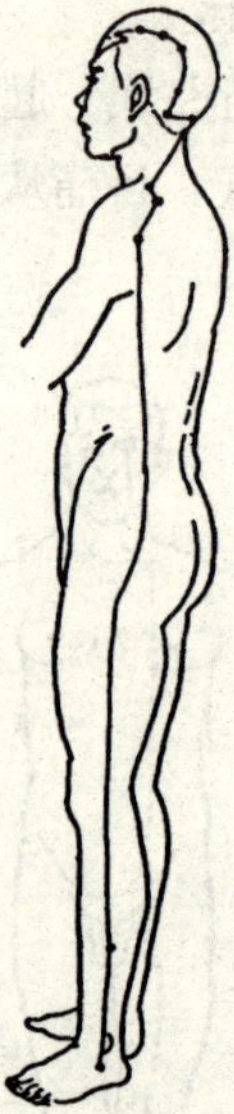

附图 24　阳维脉

3. 筋骨（仰卧式，以双手自上而下轻摩胸腹，站立式发声）

俗话说：“筋骨壮，身体棒。”要注意筋骨锻炼，如伸筋拔骨。锻炼的同时，要伴以间歇，防止疲劳。“伤筋动骨一百天”，所以要知道自己的筋骨健康状态，不可蛮干。

做卧式默意念诀的同时，双手轻摩胸腹。

筋和肉可以相配，许多肌纤维组成一个肌束，多块肌束组成一块肌肉。而筋骨是习惯叫法。肌肉中，筋无处不在。骨称骨骼，十分坚硬，在人体中起到支撑身体、保护内脏的作用。骨的成分是碳酸钙和磷酸钙，要随时注意自己骨骼的异样变化。

饮食方面要多食用大豆（黄豆），以防老年患骨质疏松症。常食大豆，它的蛋白质能增加骨的密度，增进骨骼健壮。食用大豆的同时，还要选食一些对骨骼有益的食品。但痛风、肾脏患者应不食或少食大豆。患乳癌正在治疗者，少食或不食大豆。男孩在成长中少食大豆，恐长大影响生殖能力。

伸筋，从小到老不限年龄，拔骨在幼少年时期为佳，伸筋拔骨增强体质，但欲速不达，成年人要注意安全。筋骨保健要注意饮食，意念养筋骨也是最佳选择。

意念诀

九天之气运（动）筋骨，

活跃筋骨大小血管细胞，（重复）

九天之气清洗、稀释筋骨大小血管血液，

加速微循环流量，

清除血内病毒、毒素，

清除筋骨大小血管内垃圾、脂肪，排出体外，赶走病气。

站立发声

咦——唏——微——哈！

4. 肌肉皮肤（仰卧式，以两掌自上而下轻摩胸腹，站立式发声）

肌肤是肌肉皮肤的简称，皮肤约 1.8~2.0 毫米厚，皮肤由表皮、真皮和皮下组织三层组成，肌理细腻，平滑是人体健康美的主要标志。皮肤有保护身体、调节体温、排汗及排泄废物的功能。肌肉里约有 20%蛋白质，80%是水。肌肉由骨骼肌、平滑肌、心肌等三部分组成。骨骼肌为随意肌，分布于躯干和四肢，收缩迅速而有力，意念可以控制。平滑肌属不随意肌，主要分布于内脏器官和血管壁，意识难以支配，是心壁的主要屏障，是人身上运动最频繁、最强韧的肌群。心肌随心脏跳动而动，意识难以支配。肌肉由组织肌纤维组成。肌肉有神经纤维，在神经活动中影响肌肉收缩，引起关联器官运动。同时骨骼肌是运动系统的动力部分，与骨协同提供身体运动的动力。

经常锻炼身体的人，肌肤可能因风吹日晒变得粗糙，但肌束组成随意肌群看上去健康有力，给人一种强健自然的美感。

意念诀

九天之气运（动）肌肤，

活跃肌肤大小血管细胞，（重复）

九天之气清洗、稀释肌肤大小血管血液，

加速微循环流量，

清除血内病毒、毒素，

清除肌肤大小血管内垃圾、脂肪，排出体外，赶走病气。

站立发声

咦——唏——微——哈！

5. 十二指肠（站立式　发声）

仰卧式，默意念诀的同时双掌自上而下轻摩胸腹。

十二指肠长约 25 厘米，呈 C 状包绕着胰头，位于小肠的第一段，上接胃下连空肠，胰腺与胆囊的开口都在这里。十二指肠起始部位称为球部，内表光滑无皱襞，因直接与胃相连，胃酸浓度提高，是溃疡的好发部位。

意念诀

九天之气运（动）十二指肠，

活跃十二指肠大小血管细胞，（重复）

九天之气清洗、稀释十二指肠大小血管血液，

加速微循环流量，

清除血内病毒、毒素，

清除十二指肠大小血管内垃圾、脂肪，排出体外，赶走病气。

站立发声

咦——唏——微——哈!

6. 小肠（站立式　发声）

仰卧式，默意念诀的同时双掌自上而下轻摩胸腹。

小肠全长 5~7 米，比大肠细而长，上接胃幽门，下与大肠相连。小肠由十二指肠、空肠、回肠三部分组成。主要任务是消化食物，吸收人体的营养成分进入小肠的血液里，再经肠静脉流入肝门静脉被输送到肝脏，将食物废渣输送到大肠排泄出人体。人的意识难以指挥、控制小肠的活动，只能随小肠自己的规律运转。我们只能以意识去导引。

意念诀

九天之气运（动）小肠，

活跃小肠大小血管细胞，（重复）

九天之气清洗、稀释小肠大小血管血液，

加速微循环流量，

清除血内病毒、毒素，

清除小肠大小血管内垃圾、脂肪，排出体外，赶走病气。

站立发声

咦——唏——微——哈!

7. 大肠肛门（站立式 发声）

仰卧式，随默意念诀以双掌自下而上轻摩胸腹。

人肠是内脏器官肠的重要组成部分。大肠为总称，它由阑尾、盲肠、升结肠、横结肠、降结肠、直肠、肛门组成。大肠上接小肠，下通肛门，吸收水分、维生素和无机盐，没有消化功能，可把消化后的食物残渣形成粪便排出体外。

常言“十男九痔”，提醒诸君，为了防痔，请经常缩肛，便后清水冲洗。

意念诀

九天之气运（动）大肠肛门，
活跃大肠肛门大小血管细胞，（重复）
九天之气清洗、稀释大肠肛门大小血管血液，
加速微循环流量，
清除血内病毒、毒素，
清除大肠肛门大小血管内垃圾、脂肪，排出体外，赶走病气。

站立发声

咦——唏——微——哈！

8. 腰椎（站立式 发声）

仰卧式，随意念诀以双手自上而下轻摩胸腹。

腰椎有 24 块椎骨（颈椎 7 块，胸椎 12 块，腰椎 5 块），还有一块骶骨和一块尾骨，以椎间盘、关节和韧带相联接形成。脊柱构成人体的中轴，是头颅的支柱，参与组成胸腔、腹腔和盆腔。脊柱的椎管内有脊髓，有保护中枢神经，排走代谢物的功能。

人的精、气、神与脊柱强健有关系。

腰椎养护有讲究。

腰为人体活动之主宰。腰和脊椎健康，活动便灵活、敏捷。腰若有疾患，则令人痛苦不堪，故应加倍爱护和锻炼腰与腰椎。

活动方法有两种：

(1) 垫腰法：仰卧，心神意气平和，安安静静仰卧在床上（最佳为硬床，软床效果欠佳），腰下垫一个大约一拳高的小枕

头，视舒适程度，立拳或平拳高，静卧即可，时间个人把握，不得低于10分钟，每日多次。（图12）

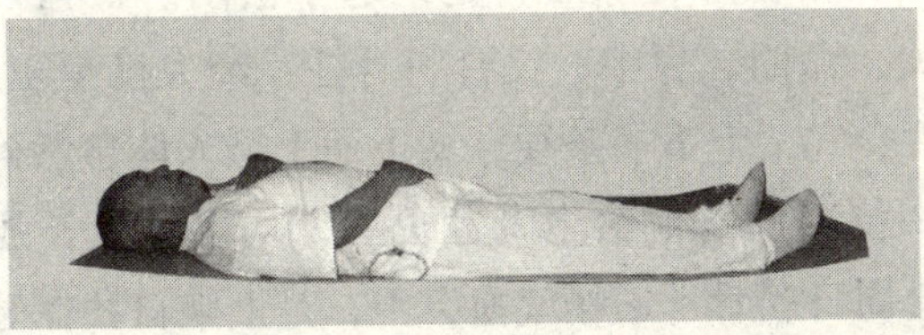

图12

(2) 收腰法：平卧，双臂上伸，双膝屈起，紧收腰部关节。腰部微起，往上节节紧收脊椎至大椎穴。然后双腿恢复原状，手脚尽伸对拔拉长。可根据本人体力反复做36次或仰卧式做仰泳双腿收回的动作，以养护腰脊柱。（图13）

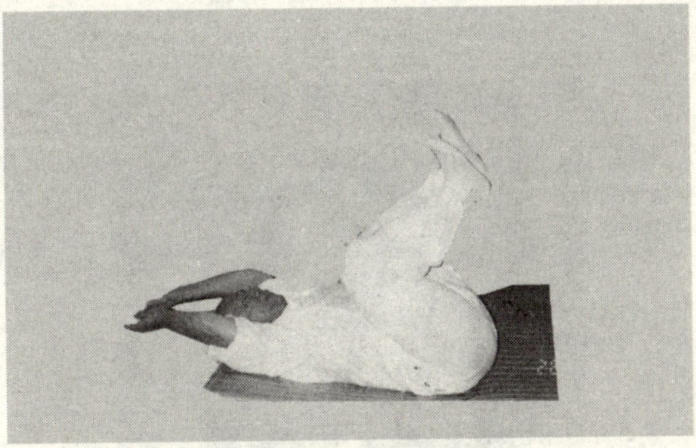

图13

9. 轻摩腰椎：双人（夫妻互摩）

孩子吃喝不舒服了，大人往往给孩子在后背从上而下顺摩，以协助通顺。成年人、老人也会有在后背从上到下摩挲的动作。先不说自上而下摩挲能否去除疾病和不适，从动作上看似乎不妥。

奇经八脉的督脉，从后背走向起于会阴、长强穴，上经下椎、腰阳关、命门、脊中、灵台、身柱，经大椎至哑门、风府、后顶、上百会穴，上下一条线，从下而上循人体自然得以养生。

曾遇一位高僧，他给患者针灸后，均以手从长强至大椎按摩，以舒松周身筋骨，通畅气血营卫，是上乘自我保健疗法。

方法

取坐位，协助者取站位，以左手沿胸前轻扶对方右肩，右手从对方长强始而上至颈椎按摩，四九 36 次为好，收治时，手掌画圆圈而上，似金龙盘柱，最后轻拍肩背收功。（图 14）

俯卧姿：行动不便者或因病久卧床者可取俯卧姿。操作方法与坐姿相同，但一定要轻摩。

轻摩腰椎养生法为药王孙氏家学承传。

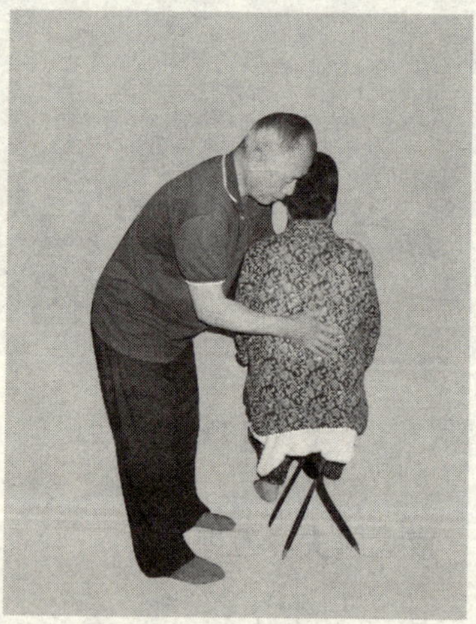

图 14

10. 单人养腰椎：伸延腰椎

站立床前，脚开两肩宽，不可往后坐臀，不可猫腰，背呈平直形，向前弯成 90°直角。两臂平伸，向前左右摇拔脊椎关节(从腰部至大椎，节节前拔贯串)。（图 15）

室外空气新鲜的树林中是最佳场地。

图 15

11. 护养腰、椎、肾（站立式）

在公园选一安静的小树林或松树、柏丛中，背向阳站好，两脚一肩宽，转胯回身可看见身后的树木，注意空腰转胯，两眼平视，远望树林，近视松树，深呼吸。（图 16）

注意习练要放松，从脚松到顶，尽可能松胯，能正面看到身后的松树。

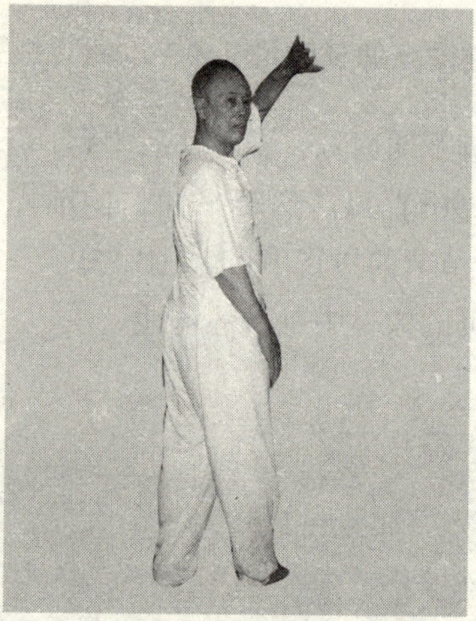

图 16

意念诀

九天之气运（动）腰、椎、肾，

活跃腰、椎、肾大小血管细胞，（重复）

九天之气清洗、稀释腰、椎、肾大小血管血液，

加速微循环流量，

清除血内病毒、毒素，

清除腰、椎、肾大小血管内垃圾、脂肪，排出体外，赶走病气。

站立发声

咦——唏——微——哈！

（有时间、有条件多练，室内亦可练）

养生二式

“抱虎归山”和“下势”是最能体现传统太极拳之根本的拳理拳法的拳式，如“其根在脚”“形于手指”“大动不如小动，小动不如不动”。作者根据拳之理法悟得，应被动练拳，且应用“手动脚不动，脚动手不动”之心法。下面二式为养生式，久练必有大益。

（一）抱虎归山

单动为阴，双动为阳。下同。

1. 两掌前展（阴动，阴顶）

〔步型〕左弓步（左右脚距应同肩宽）。
〔方向〕面东。
〔方位〕正东。
〔实脚〕左脚实（周身重量在左腿）弓步，收吸左右腹股沟。
〔虚脚〕右脚虚着地，虚净不负担支撑身体重量。
〔实手〕右手实，俯掌（掌心向下），舒展指梢不着力。
〔虚手〕左手虚，俯掌，臂、腕、掌不挂力。

〔意念〕空腰。

〔视线〕注视左右两掌中间。（图 17）

图 17

2. 两掌展开（阳动，阳顶）

〔步型〕左弓步变右弓步。

〔方向〕面东、面南、面西南隅位。

〔方位〕正东位，正南位。

〔实脚〕左实腿弓步变转为右实腿弓步。

〔虚脚〕左腿虚，不可强直。

〔实手〕右实手俯掌，随左右腿重心的变化，外弧轻扶从正东左脚正线，依次向东南、南、西南、西运行，停于西位，完成180°运行。

〔虚手〕左手掌心向下、指梢向东不动。

〔视线〕顺右掌食指梢远望（阳动视线在前，手追视线）。

〔意念〕空右腕。（图 18、图 19）

图 18

图 19

“两掌展开”不是刻意去展开两臂，而是松左腿，松右脚，收吸右腹股沟，“其根在脚，形于手指”，松脚，反映在展开的双掌。不能有两掌伸开之动意，如有动意，腰、肩、肘、腕、手均形成僵紧状态。两掌松展，松肩垂肘空掌，体味出太极“味道”和“韵味”。

3. 两掌上掤（阴动，阴顶）

〔步型〕右弓步。

〔方向〕面西南，面南。

〔方位〕南位。

〔实脚〕右弓步变转为自然步，右脚下为八方线中心点。

〔虚脚〕右腿弓步，右手运行至隅线（西南），左虚腿上步成自然步。

〔实手〕右掌实手。左右两掌上弧舒展变转为上掤左右掌交叉，左手在外，掌背相对，指尖向上。

〔虚手〕左掌虚。

〔视线〕目视右手食指梢，随左右手交叉，注视左右两腕交叉上方。

〔意念〕空腰。（图 20、图 21）

注意：左右掌相合，松腕，空手。右掌外上弧运行到西南隅位 45°，左脚自然前上步，渐立身不可主动上步。运行中，手脚齐动，手动脚不动。

图 20

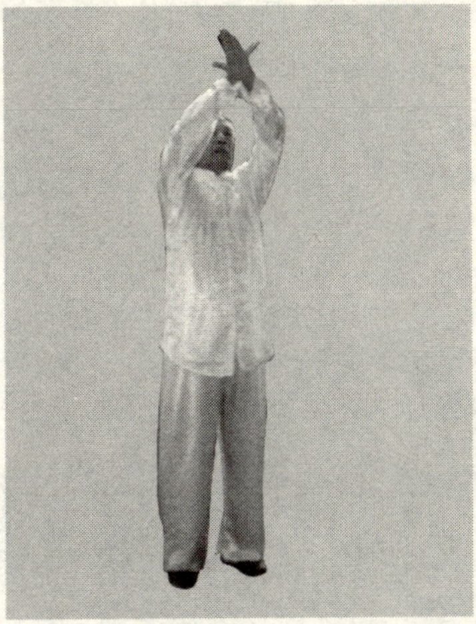

图 21

阴顶虚灵百会部位。

4. 两腕交叉（阳动，阳顶）

〔步型〕平行步。

〔方向〕面南微仰。

〔方位〕正南位。

〔实脚〕右腿实坐步。脚下为八方线中心点。

〔虚脚〕左腿虚，虚坐步，脚尖虚着地不挂力。

〔实手〕右手实。松肩、垂肘，下弧轻扶，止于胸前。

〔虚手〕虚左掌，随右掌松肩、垂肘落于胸前。

〔视线〕顺左右掌交叉处远视，随掌落，平远视。

〔意念〕空右掌。（图 22）

图 22

松实脚，节节贯串自下而上松至手梢，松肩、垂肘，左右肘松垂至左右肋部位，脸部在两掌掌背中，屈膝成左右腿坐步。以松腰、松腕、松肩、垂肘完成此动。

左右掌下垂时，指梢留下，两腿松坐，阳顶即囟会留下（民间称囟脑门）。

关于八方线

八方线是传统太极拳承传下来的表示方向方位的八条线，即四正、四隅八条线（图 23）。八方线技艺，是传统太极拳把握方向方位的必修课，因为传统太极拳极为重视重心，以立柱式身形理论贯串体用结合行拳和技击。最忌双重，而双重仅仅是过渡步，拳架始终以单腿立柱式身形行功。八方线中心是拳者重心脚的位置。先贤杨露禅说“站住中定往外打”，单腿立柱式身形，进可攻退可守，合理利用空间，运用自如，拳法清楚，

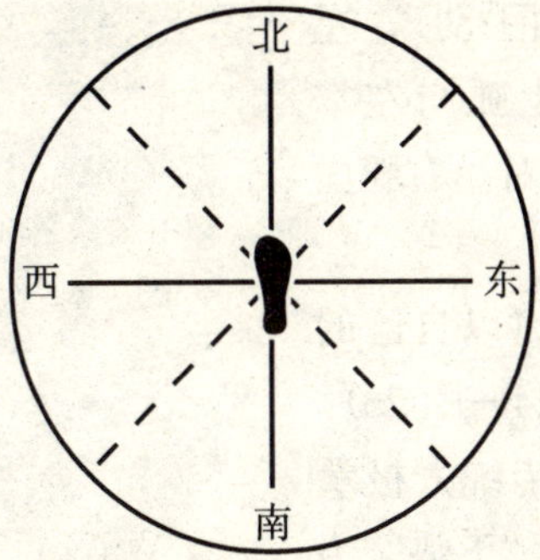

图 23

明白好学、易练。

(二) 下 势

1. 右掌下捋（阴动，阴顶）

〔步型〕马步，左侧弓步。

〔方向〕面东。

〔方位〕正南——正东。

〔阴顶〕单动阴，意在百会穴。

〔实虚脚〕马步（双重），渐左腿实，左脚下为八方线中心点，右腿虚，右脚尖点地，脚跟虚起。

〔视线〕单动为阴，视线追手，视线随右掌食指梢。

〔实虚手〕开始是单鞭式。左手立掌，掌心向东，右手虚钩。随即右手虚钩渐变俯掌引视线，视线从正东向西转注右手食指梢。左掌虚，俯掌不动。右掌松肩垂肘自然松落（手动脚不动），掌心向内运行到右膝前，随右腿松虚，松转右胯（脚动手不动），左腿坐步（脚不动手动），左臂松肩，右掌循上弧与左掌合，左右掌掌心相对。右腿虚净，空右胯。

〔意念〕空腰（以自己的理解空腰）。（图24—图26）

〔身形要素〕传统太极拳诸式均为养生式，“下势”为养生大式，最具“其根在脚，形于手指”之特性。常练此式，自然能悟出静极生动，动静相兼，内外双修之奥窍。

图24

图25

图26

2. 两掌舒展（阳动，阳顶）

〔步型〕左腿立长身——左腿坐步——马步——右弓侧步。

〔方向〕面东南——面西南——面东俯视。

〔方位〕东南——正南——西南——东南。

〔阳顶〕双动为阳，意在囟门穴（前顶）。

〔实虚脚〕由左腿重心渐变马步，再变转为右弓侧步，右脚下为八方线中心点。左腿虚净，脚尖向南点地，脚后跟虚起。

〔实虚手〕手随脚下阴阳变动，变俯掌，外弧轻扶，随右脚后跟落地，右腿（脚）实，从东南隅位沿弧形线向南、向西南隅位运行。随后松右脚，右腿（脚）实，左脚虚，脚后跟落地，向前转右胯，松肩垂肘，左右掌俯掌，循下弧向东运行。

〔视线〕手追视线，注视左掌食指梢。

〔意念〕空腰。（图 27、图 28）

图 27

图 28

收　势

1. 双掌上掤（阴动，阴顶）

〔步型〕右侧弓步。

〔方向〕面西。

〔方位〕南正位。

〔实脚、实手〕左右手外弧旋转轻扶上掤，右掌掌心向下。头部从面东转向面西，松左腿。右腿弓步实。

〔虚脚、虚手〕左虚脚虚净，左脚后跟虚起，前脚掌虚着地，左掌掌心向下。右手虚钩渐变俯掌引视线。

〔视线〕注视右掌食指梢。

〔意念〕空左掌。（图 29）

图 29

〔内功修炼〕在操作中，凡左（右）掌为实手，掌指向远处舒长，食指梢轻扶绝对不可着力。

2. 两掌合下（阳动，阳顶）

〔步型〕自然步。

〔方向〕面南。

〔方位〕南正位。

〔实脚、实手〕从脚往上松至左右手梢，视线随右掌向南收回南正位。松肩、垂肘，松左右腕，外弧轻扶，左右掌合在胸前，左右食指尖相对。

〔虚脚、虚手〕左虚腿收于右脚内侧，自然步型。从双脚往上松，顶上虚灵。左右手松垂，左右掌掌心向内。深呼吸三口气后，左右脚双重，松双脚，向上松起松立，静立调息。

〔视线〕平远视。（图 30—图 32）

图 30

图 31

图 32

〔内功修炼〕放松周身九大关节，手指、脚趾 54 个小关节，内心、神、意、气静，外示安舒，松净，收小腹、腹、胸……周身不挂力，经络、血液管道、气道通畅。

几种流行于公园操作方便的养生法

脚是根，从脚开始。

（一）人体衰老从脚始　保健不能忘脚趾

一双脚，对于我们人类来说太重要了。人生一世不停地站立、行走，是脚底下的功能和功劳。又有“人老先从脚下老”的说法，因为脚在人的一生中过于劳累，所以每个人都必须重视、注意脚部保健。

足保健关系到周身上下肢体以及脏腑的总体健康，足有三阴三阳经：

足三阳经：足少阳胆经（4趾）；足太阳膀胱经（小趾）；足阳明胃经（2趾）

足三阴经：足少阴肾经（涌泉）；足太阴脾经（大趾）；足厥阴肝经（大趾）

奇经八脉：阴跷脉、阳跷脉、阴维脉、阳维脉等脉均始于足下，上行至头部。

以上中医常识告诉我们，健康应从足下始，练功习武亦应从足下筑基功习练。防止足衰老，双足应经常处于放松状态，十个脚趾，每个趾关节都应松开，且节节放松。坐姿或走路，双足要平松落地。自己尽力活动脚趾，在鞋里亦要随时不断活动五趾。晚间以热水烫脚，然后以手帮助活动脚趾，横向旋捏为最佳。

坐姿以大拇指和食指扭旋脚趾，从大趾到小趾逐个扭旋，左右互换。经常旋捏脚趾，足三阴三阳经脉营卫，通顺舒畅，有不言之妙；亦可止耳鸣。但贵在坚持，不妨试试。（图 33）

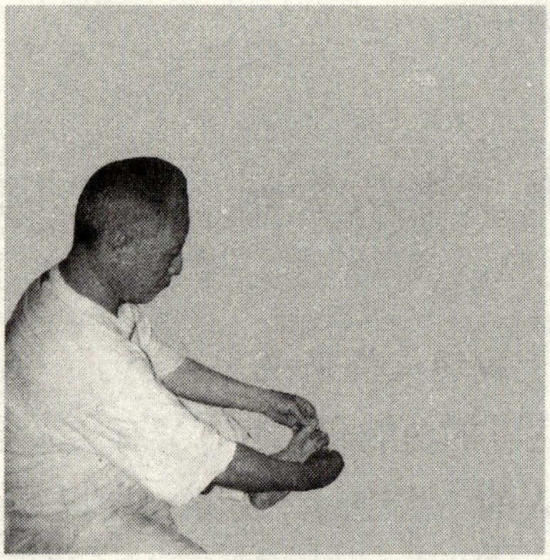

图 33

（二）旱地仰泳式养腿法

此床上保健法很简单，也可称之为仰式旱地蛙泳。其练法是，仰卧于床，双腿左右摆开，上提膝至极限，再向下蹬踹，并迅速使双脚脚心相对。然后，速上提膝到极限，再向下蹬踹。一组往返 9 次，体力好可做 4 组，36 次。

此法，强壮左右大腿，左右胯、腰、脊椎等部位也能得到极好的锻炼。（图 34、图 35）

图 34　收

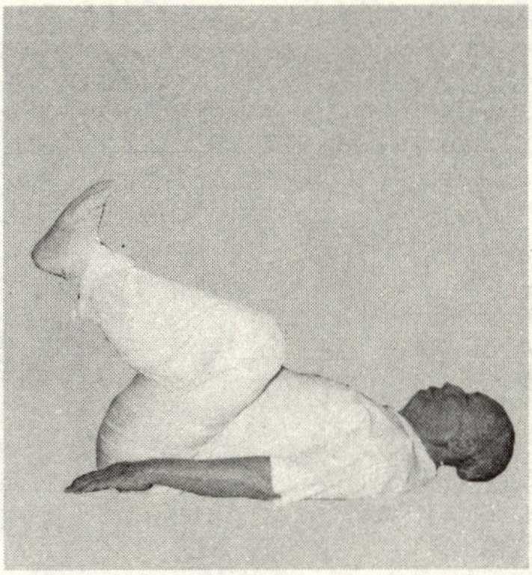

图 35　蹬

（三）旋脚踝放松法

我们周围有许多朋友由于上下楼，走路遇上小坑小洼的一不留神便崴脚。脚踝肿无法走路，一两个星期才能康复，头两天生活不能自理，多么讨厌。

告诉您个办法，每天起床前上下活动脚踝，左右摇动转踝，方法很简便，但要坚持。

方法：1. 上下活动脚踝：屈膝将双脚抬起，两脚上下活动，但小腿不动为佳。（图 36）

2. 左右摇转脚踝：上下活动脚踝后，两脚左右摇动转踝，左转变右转。注意不要小腿跟着转，开始时单转脚踝困难，熟练后踝可转动自如。（图 37）

图 36　上下活动脚踝

图 37　左右摇转脚踝

练活动脚踝之前，先长长地伸个“懒腰”，意在将休息一夜的筋骨舒松开，周身有一种不可言状的舒服感。

（四）爱膝、养膝、护膝

双膝在人体直立、走、跑、坐、卧等活动中的作用显著，膝对于人类甚为重要，一定要善待。如何善待呢？经常揉膝、轻轻拍打或在双膝抹点舒筋活血的中药药酒会感觉舒适。冬季注意保暖，运动时，勿使膝过于劳累，随时坐下休息，使双膝的劳累得到缓解。在公园常见有人练功屈膝过脚尖，膝过于负重，对膝的保健欠妥。屈膝动作，以不负重为好，脚与膝处于垂直线上，以脚负重减轻膝的负担。

周身关节有病患，以膝最为麻烦，护膝、养膝不当有可能患关节炎、类风湿、风湿性关节炎甚至危及心脏。

民间保膝、护膝、爱膝、养膝的妙法不少，现介绍以下二法：

(1) 揉膝——两脚平行并拢，屈膝成下蹲式，双手轻放于左右膝之上，顺逆时针左转右转互换揉动，次数多少不限。最好起床后稍事活动，即进行揉膝运动，然后行走、运动，双腿极为轻松。

(2) 活动膝后腘窝——足三阴三阳经脉均从膝经过贯穿全身。膝后腘窝有委中穴和委阳穴，足太阳膀胱经从以上两穴通过。活动腘窝有舒通经脉、气血营卫、防滞阻淤之作用，久练有抑制和预防腿瘫之功效。

方法：在公园寻找椅背以方形有棱角的座椅为好，将单腿搭实，上下轻松摆动，以刺激委中、委阳二穴及腘窝的经脉、血管、气道。圆形横杠效果次之。左右腿互换。

在家中可倒坐在直形靠背椅上，单腿或双腿搭于椅背，双腿上下摆动，用手轻扶以保安全。（图 38）

如果有患者卧床，请家人代其用手抠捏膝后腘窝效果相同。

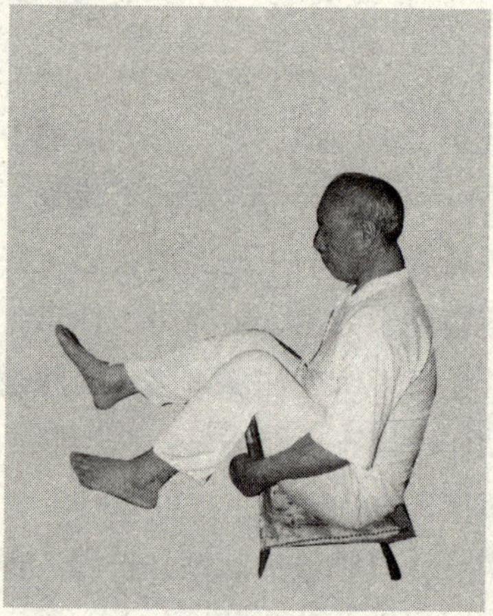

图 38

（五）闲时轻揉小腿肚

经常轻揉小腿肚，是保健、养生也是毅力锻炼。腿肚子在全身所占比例不大，但位置重要，经历“腿肚子转筋”的朋友知道痛苦的滋味，不转筋有时将小腿肚子抽平，此患加倍疼痛难耐。

闲时左右两掌抱小腿肚子上下轻揉或以手托小腿肚子左右旋转轻揉，效果很好，请试验。经常揉腿肚子，疏通经脉气血营卫保健，可加强小腿力量。（图 39）

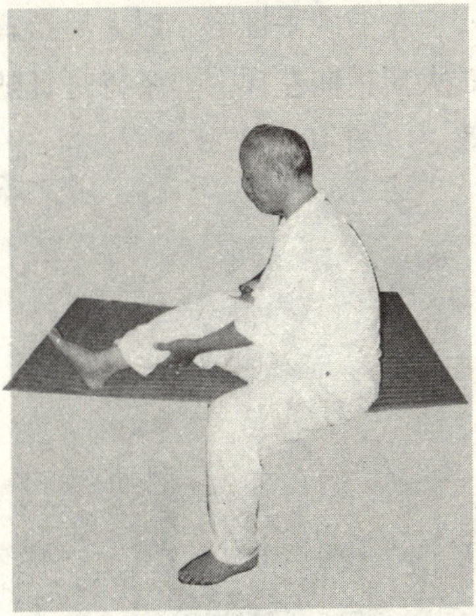

图 39

有体力可踢腿，压腿，提膝前后转膝，转胯，以上练腿应左右轮换练习。

(六) 自我保健腰痛症

腰痛似乎是每位老人的常见病。中青年者劳作时用力不当也可能发生扭腰、闪腰、抻腰等腰部疼痛症。及时请医生诊治，取针灸、按摩、贴膏药等疗法，腰部疼痛几天后可以消退。但老年人的腰部疼痛，病史较长，一时难以治愈，须要细心察验，找出痛点。

自我锻炼自愈疗法如下：

(1) 站立，双手掐腰两脚相距一肩宽，先左后右尽量扭动腰肢向后看，扭到痛点止。

(2) 揉腰俞穴：左右两手握拳，以大拇指背轻揉腰俞穴，左大拇指向右揉，右大拇指向左揉。要坚持每日随时揉，以减痛为准，短期难有疗效。(图 40)

图 40

(七) 颈 椎 病

各行各业均有颈椎病患者，久坐办公室，化验台，微机患者多见，不是不治之症。颈椎病十分讨厌且麻烦。病疼可以忍受，但脖颈转动失于灵活，手麻影响行动，很不方便。

笔者二十几年前患颈椎病似落枕，求治中医骨科，牵引、按摩向民间专门家、气功师求治过，手麻头晕不见好转。最讨厌的是，要隔天去医院搬颈矫正或牵引，虽然公费但耗时劳神很是苦恼。医生介绍颈椎病为多发病、常见病，久坐不改变姿势，像常低头操作、伏案写字、缺少活动，颈椎就生出病来，一时难以治愈，苦恼着病患者。

20 世纪 70 年代末有机会去四川游峨眉山，笔者也歪着脖颈去爬山。夜宿洗象池遇一道士，他问我脖子不舒服是吧？我告诉道长，患颈椎病已有十年之久，多方求医均效果不佳。

道长："无量佛，你这算什么病?"

笔者斗胆向道长求治，以解我的病痛之苦。

道长："施主想根治还是留点根，以消遣解闷儿。"

笔者："您老人家很是幽默，当然求以根治，请您大发慈悲。"

道长起立做示范动作，这功法一说就明白，一学就会，一看就懂了，极易操作。临别道长说道："自己练去吧，一世无碍。"

仙长说罢飘然而去。

从此笔者每天习练道长传授的功法，不多时日颈椎病痊愈，真正是自己操作能治好病。后来我向周围朋友传授此法，得到反馈，凡练此功者，颈椎病一去不返。朋友再传朋友约数百人受益。无病者每天练此功法可以健体强身、祛病延寿。

双脚平行站立，相距一肩宽；双手从前下而上划一弧形，高伸竖直位停止，掌心向外，同时低头至极限。然后双臂循原路线下落往后甩伸至极限，同时仰头。往返上下多次重复。（图 41、图 42）

在公园空气新鲜处习练为佳，室内、办公室亦可，次数不限。

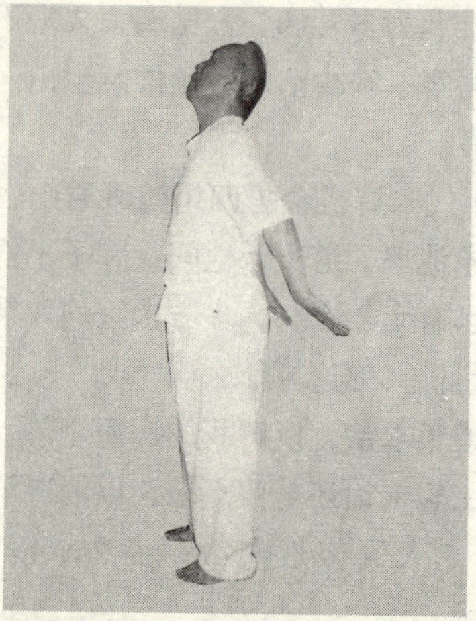

图 41

图 42

(八) 旋捏手指

手指 28 个小关节，节节活动常旋捏也是太极拳手指松功的习练法。

爱护掌指要经常活动手指小关节，每天拉捏，旋捏保健按摩，有利健脑，安神。

操作如下：右拇指、食指、中指等三个手指相对，捏住左手一个手指的小关节，横向旋捏。因为人类手指竖向张合从幼时就会，成人后已成习惯，而手指不会横向旋转，它的功能渐渐减退，手的三阴三阳经络不顺畅，易引起手指不健康，进而影响人的总体健康。这时双手要互助，左手旋捏右手手指，右手旋捏左手手指，从拇指到小指逐一旋捏，以旋捏关节部位为佳。（图 43）

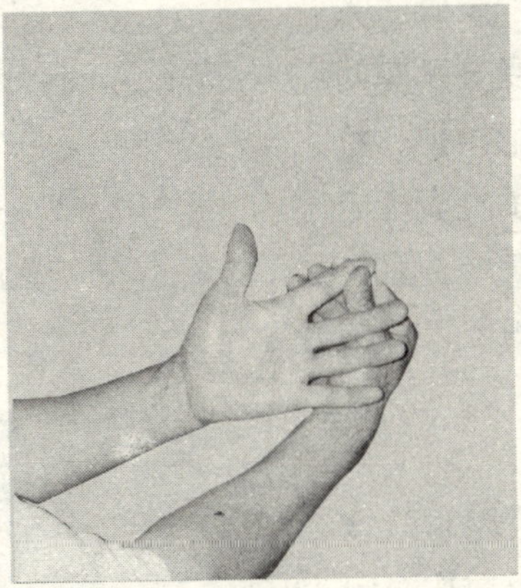

图 43

前边已向读者介绍了手上的三阴三阳经络，旋捏拇指通畅肺经，旋捏食指通畅大肠经，旋捏中指通畅心包经，旋捏无名指通畅三焦经，旋捏小指通畅心经和小肠经。每天坚持至少对手上的经络旋捏一遍，有空闲时间想起来就旋捏，次数越多越好!

活动手指的方法很多。每早醒来伸罢懒腰要紧握双拳、松开；紧握、放开数次，使休息一夜的两掌充血热胀，解除关节僵紧，手功能恢复正常。还有二法：

1. 拉捏法——以拇指和食指操作，从拇指始逐指拉捏消除指劳累。左右手互换，操作时除了捏拉，也可以加上掀拉捏法。

2. 旋捏法——左右手互换，两手拇指和食指操作，从拇指逐个扭转、旋捏，被旋捏的手指上下半圆为度，每天旋捏数次。旋捏手指以防止因劳动过度手指变形。

(九) 经常搓手背保健康

手是人的第二张脸，人之手经常劳作，受日晒时间长，人们往往忘记维护。特别到中年以后，手背表皮老皱不雅观，经常搓摩，有益手背皱皮舒展，恢复以往的弹性、细腻和柔润。

操作方法

左右手相互搓摩，从食指向小指根向往返数次，闲时想起来多搓摩。(图 44)

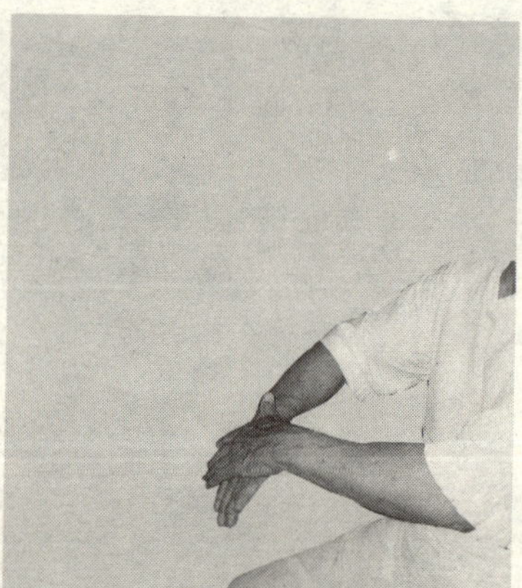

图 44

（十）捏人中缓解抽筋

很长一段时间，社会上不同品牌的补钙保健品使人眼花缭乱，似乎我们成为一个缺钙大国。

缺不缺钙应该到医院检查，遵医嘱用药，乱补并不高明。人的健康状况不同，服药的剂量也应有异。

抽筋也不一定是由于缺钙。造成抽筋的原因很多，如游泳前准备活动不足，突然下水遇凉，腿易抽筋；过于疲劳，动作不当也可能抽筋。

后来请教一位高僧，他介绍二法：

1. 抽筋时不要急，以拇指和食指紧捏人中，可缓解。

2. 两腿微收，以左右两大趾轻轻向上、向后回收，也会解除抽筋。（图 45）

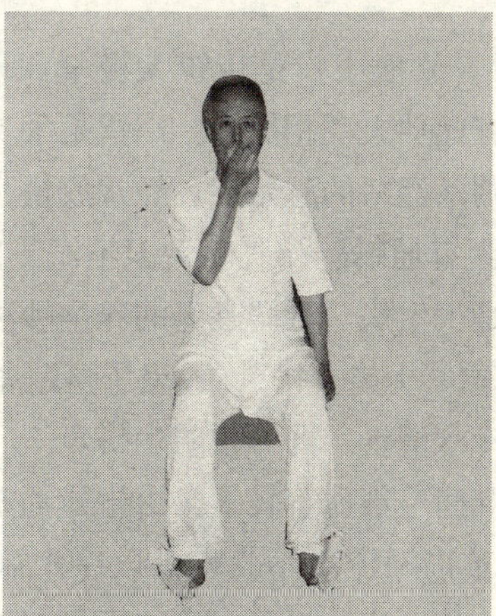

图 45

（十一）保健小方法

1. 捏掐腋窝。捏掐、按揉、轻抠腋窝是最简便的增强心肺功能，延缓衰老的保健养生妙法。腋窝揉捏促进上肢的血液循环，免生淤阻之患。

腋窝是颈、胸与上肢连接的重要部位。腋窝有众多的大小血管、神经和淋巴结。心经和肺经两条阴经也通过腋窝，所以经常捏掐、按揉、轻抠腋窝，有疏通经络，通顺气道、血道，为气血营卫无淤无阻创造条件，促进体液循环，加快新陈代谢，将体内的尿素、尿酸等各种代谢杂物及时排出体外，有助延缓衰老，促进周身健康。

腋窝部位的淋巴结比较丰富，淋巴结对维护人体健康是至关重要的，要随时注意腋窝周边淋巴结有无肿大。淋巴结肿大有淤痛感要去诊看。

2. 放松小指。放松小指是传统太极拳深研中出现的功夫。太极拳深研者均有此功夫互相提示。小指是手少阴心经和手太阳小肠经一阴一阳两条经络的起始点。经常放松小指，通畅心、小肠阴阳二经，胸腹有通畅感，脏腑营卫不淤不阻，气通精神爽。经常放松小指，是少生病、延缓衰老的养生妙法。

3. 中国人常说“十男九痔”，人患了痔疮很麻烦。保健法简易，每天便后以冷水清洗，即可预防生痔。

因为直肠、肛门毛细血管较多，由于运动不够，血液循环机制弱，久之血液难以回流集结为痔。以冷水刺激，激活存结血液，迫使其回流，从而痔消病除。此法不可急，日久可成功，每日多次伴以缩肛为上乘妙法。

4. 每天早晨空腹喝一杯冷白开水，以清洗肠胃，排除动静脉血液中的垃圾、脂肪。每天要主动喝水，夏季上午饮绿茶，下午饮菊花茶有益身心健康。酸奶，能维持人体细菌平衡；牛奶，可提供人每天所需要的蛋白质、脂肪和维生素。

5. 从立春到立秋，早餐后含一块鲜姜，以软化血管。

6. 晨起不要过早外出，报载警示：

大多数爱锻炼的人都有晨练的习惯。但清晨并不是中老年人较适宜的锻炼时间。首先看看外界因素：一是植物在夜间也吸氧，呼出二氧化碳。树木多的地方，早晨集聚二氧化碳较多。二是夜间风速较小，近地面数百米的空中出现逆温层，大气处于稳定状态，污染物滞留在地表上方难以扩散。三是寒冷刺激可诱发血管痉挛。由于一夜没有饮水，清晨血液很黏稠，增加了血管堵塞的危险。

7. 不要在马路上跑步，不安全有危险，而且汽车尾气污染严重。勿在便道打拳，空气不洁。

8. 每天坚持走路。根据自己的体力，可快走、慢走、急走、缓走、散步走、倒走。经常走，天天走，也能走出健康。

9. 食。关于食养生，报刊书籍俯首可得，比比皆是。简介几种食品，供朋友们选用：鱼、肉、鸡蛋，每天必食之外，各种豆类、豆腐、豆制品、粗杂粮、红薯、土豆、山药、燕麦、燕麦制品以及各种新鲜蔬菜和季节时令水果（如樱桃、鲜桃、猕猴桃、红枣、葡萄）要多吃。营养专家说，每人每天应吃三十几种食物。

但食用豆类食物忌搭配猪肉。豆类食物中植酸含量较高，其中的60%~80%的磷是以植酸形式存在的，它常与蛋白质和矿物质元素形成复合物，从而影响二者的可利用性；另外，豆纤维素中的有机化合物与瘦肉、鱼类等食物中的钙、铁、锌等元素形成结合物，从而干扰或降低人体对这些元素的吸收和利用。

笔者早点食谱简介：大米、小米、麦片、豆粥（红豆、绿豆、云豆、杂豆及黑豆变换）、芝麻、黑芝麻、蜂蜜、全麦面包、玉米面饼、花生米、肉肠、少许柠檬水，约 14 种。

图书在版编目(CIP)数据

太极内功养生法/祝大彤编著．-北京：人民体育出版社，2007

ISBN 978-7-5009-3196-6

Ⅰ.太…　Ⅱ.祝…　Ⅲ.养生（中医）-基本知识

Ⅳ.R212

中国版本图书馆 CIP 数据核字(2007)第 068262 号

*

人民体育出版社出版发行

北京市昌平环球印刷厂印刷

新　华　书　店　经　销

*

850×1168　32 开本　4 印张　90 千字

2007 年 10 月第 1 版　2007 年 10 月第 1 次印刷

印数：1—5,000 册

*

ISBN 978-7-5009-3196-6

定价：9.00 元

社址：北京市崇文区体育馆路 8 号（天坛公园东门）

电话：67151482（发行部）　邮编：100061

传真：67151483　邮购：67143708